上海话俗语系列

# 海派俗语图解

萧萧等/文 江郎等/图

主编/钱乃荣 黄晓彦

上海大学出版社

图书在版编目(CIP)数据

海派俗语图解/萧萧等文;江郎,徐润,佩卿图.
—上海:上海大学出版社,2015.7
(上海话俗语系列/钱乃荣,黄晓彦主编)
ISBN 978-7-5671-1786-0

Ⅰ.①海… Ⅱ.①萧…②江…③徐…④佩…
Ⅲ.①吴语-俗语-上海市 Ⅳ.①H173

中国版本图书馆 CIP 数据核字(2015)第 161703 号

责任编辑　黄晓彦
封面设计　张天志

海派俗语图解

萧萧　亚凯　尤金　之明/文
江郎　徐润　佩卿/图
上海大学出版社出版发行
(上海市上大路99号　邮政编码200444)
(http://www.press.shu.edu.cn　发行热线 021-66135112)
出版人:郭纯生
*
上海教育出版社经营有限公司排版
上海上大印刷有限公司印刷　各地新华书店经销
开本787×960　1/16　印张16.25　插页2　字数300 000
2015年9月第1版　2015年9月第1次印刷

ISBN 978-7-5671-1786-0/H·310　定价:28.00元

# 前　　言

　　上海话又称沪语，是吴语的代表方言，是上海本土文化的重要根基，承载着上海这座城市的历史回音、文化血脉、时代记忆。上海话是最早接受了近现代世界文明洗礼的，又汇聚了江南文化风俗的大方言，尤其在民间活跃的思维中不断创造出的大量极具海派特色的民间俗语，这些鲜活的上海话俗语，对社会生活有极大的概括力，有着深厚的文化积淀。

　　这次我们从20世纪30至40年代上海出版的小报中，囊括了当年以连载形式发表标于"上海俗语"总纲下的诠释文字，这些被当年小报上文人称作"上海俗语"的语词，是广博多彩的上海话俗语中的一小部分，反映的是上海这座大都市的方言、社会的一角面貌。

　　1932年由汪仲贤撰文、许晓霞绘图的《上海俗语图说》最早在上海小报上连载，首开把上海话的一些坊间俚言俗语以"俗语图说"连载的形式。这些俗语和漫画展现了当时上海的风土人情和上海人生百态之一部分，可谓上海"浮世绘"之一角风景。之后效颦者颇多，各种小报上洋场作家不断对上海话的一些俗语进行演绎诠释。

　　这些"上海俗语"总纲下的诠释文字，其中连载比较完整的作品有十部：《上海俗语图说》《上海俗语图说续集》（汪仲贤文、许晓霞图），《洋泾浜图说》（李阿毛文、董天野图），《上海新俗语图说》（尉迟梦文、陈青如图），《上海闲话新篇》（姜太公文），《新语林》（浅草文），《海派俗语图解》（萧萧文、江郎图），《舞场俗语图解》（亚凯文、徐润图），《舞场术语图解》（尤金文、佩卿图），《骂人辞典》（之明文）。

　　这些作品合计约190万字，共有1150多篇上海话俗语文章，插图800多幅，内容大多秉持"俗语图说"的形式，文图俱佳。根据上述作品的具体情况，现整理出版取名为《上海俗语图说》《上海俗语图说续集》《洋泾浜图说》《上海话俗语新编》《海派俗语图解》五部作品，其中前三部独立成编，后两部为作品汇编。

　　这次整理出版这些上海话俗语，本着尊重历史再现历史的原则，尽可能保持原来作品的历史面貌。主要特色如下：

　　一是全面交代了各部作品的来源，做到有典可查，便于后来者深入研究，同时对于作者也尽可能加以介绍。

二是对早年出版过的作品进行比对考证,如1935年版的《上海俗语图说》,其中两篇文章不是汪仲贤撰文,重新整理出版时进行了说明以防"以讹传讹";对文章发表时的变化过程也进行了说明,以有助于全面反映当时的时代背景及其发表真相。

三是完全按照文章当时刊发顺序编排,真实再现作品历史风貌及作者创作心路历程。对于个别篇目只有标题而没有正文的或序号跳跃的均加以注明。值得一提的是1935年版的《上海俗语图说》一书,文中涉及前面交代的内容会以"见第×篇"表述,因未按刊发顺序编排,无法找到相关内容。本次重新整理出版,完全按照刊发顺序编排,再现历史真貌。

四是除对明显错字做了更正外,语言风格、用字、标点符号等都一并按旧。对一些看不清楚的字,用"口"符号标注。对于现今在普通话用字中作为异体字取消,但在上海方言中含义或用法不同的字,仍以原字面貌出现,如"瞓、搨、揎"等字。有的字是当年的通用写法,也一应如旧,如"帐目、服贴、陪笑、搁楼、如雷灌耳"。有的词条在原文中有不同写法,均不作改动,如"小瘪三""小毕三","出风头""出锋头","吃牌头""吃排头","搅七廿三""搅七拈三"。如此则有助于了解当时的语言文字变迁,且对于语言、民俗、文化、社会等各界研究亦具有重要的文献价值。

五是把竖排繁体字改为横排简体字,书前加了目录,还配以上海话俗语篇目笔画索引方便查找,使得新版不仅具有一定的文献历史价值,更适合社会广大读者阅读。

这次整理出版的"上海话俗语系列"中的文章,原载于20世纪三四十年代,表现了当年上海小报文笔流畅活泼的语言风格,且反映了上海下层社会的种种文化和生活面貌,在解说中不时流露出对社会中的丑恶现象的不满,所暴露的事实对我们了解分析当年社会面貌具有深刻的认识作用。但也有作者在有些诠释中较多涉及社会的阴暗面,有些词语不免粗俗。这些缺陷,相信读者自能鉴别。还要说明的是,作者在诠释上海话俗语中,带有故事性,故对有的词语的介绍不一定是此词语的出典来历,使用的上海方言用字也未必都准确。

钱乃荣　黄晓彦<br>2015年7月22日

# 出 版 说 明

由汪仲贤撰文、许晓霞绘图的《上海俗语图说》首开把上海话俗语以"俗语图说"形式表现的先河,文章刊发连载后受到读者广泛欢迎。汪、许两位之后,效颦者颇多,如李阿毛(徐卓呆)刊发连载《洋泾浜图说》,还有不少洋场文人挥洒笔墨,详细诠释上海话俗语。

## 一、本书资料来源及作者简介

本次整理上海话俗语出版,囊括了20世纪三四十年代上海小报上的所有"上海俗语"连载。本分册载录的也是当时比较有名的对上海话俗语诠释的作品。

1.《海派俗语图解》

《海派俗语图解》由萧萧撰文,江郎绘图。全文共收录50篇上海话俗语文章,其中45篇刊发连载于《天报》(民国卅六年三月五日至民国卅六年四月卅日);另有2篇于《风报》刊发,3篇以《白相地界术语图解》为题刊发于《海涛》(因多种原因只能搜集到这几篇)。《海派俗语图解》文字简洁、绘图夸张,尤其以图取胜,是耐人寻味、图文俱佳的上海俗语图说。

2.《舞场俗语图解》

《舞场俗语图解》由亚凯撰文,徐润绘图。全文刊发连载于《力报》(民国卅六年四月廿二日至七月九日),共60期,计60篇上海话俗语文章。

舞场俗语随20世纪30年代跳舞这种新娱乐形式而产生。当年各种舞场络绎开业,成为当时的时尚场所,也为社会所关注,有关舞场的新语词不断产生,同时结合"图说"形式,成为小报上的连载内容。《舞场俗语图解》就是当时舞场新语词的缩影,其图文风格与《海派俗语图解》相似,文字短小精悍,绘图诙谐幽默。

3.《舞场术语图解》

《舞场术语图解》由尤金撰文,佩卿绘图。全文刊发连载于《吉报》(民国卅年四月一日至五月卅一日),共59期,计59篇上海话俗语文章。其内容与《舞场俗语图解》相似,也是关于民国海上舞场的典故、方言、俗语的图说题材,其文字同样短小简洁,不同的是其绘图比较直观写实。

4.《骂人辞典》

《骂人辞典》由之明撰文,在"处世哲学"专题下刊发连载于《吉报》(民国卅年十二月十五日至民国卅一年六月三日),共162期,计83篇上海话俗语文章。

作者之明,原名彭之明,在"前言"中就有所交代。且"作者毕竟也是三十多岁的人了",而且自谓"还是一个名不见经传的无名小卒","人生经验和一切知识,俱皆浅薄可笑,容或写错说错,希望列位仁兄大人指正"。该辞典词条收录及解释原则,作者在"前言"中有说明:"凡在上海流行通用之骂人名辞,完全采集入册",注释名辞"力求通俗而易于明了"。

名曰"骂人",或许不排除当时报纸吸人眼球之目的,实则其是下层市民俗语的小辞典,词条都是在市民阶层流传的俗语,只是更为诙谐幽默而已。文中有些"骂人"词语及其解释内容显得庸俗低级,编者本着保留历史资料的完整性原则,以便研究、分析当年社会的各种真实面貌包括其阴暗面,对原文本未妄加删改,相信读者自能鉴别批判。

## 二、本次整理出版的特色

本次整理出版特别重视尊重历史再现历史的原则。

一是完全按照当时上海话俗语文章刊发顺序编排,从而真实地再现当时刊发连载的历史原貌以及作者创作心路历程。对于个别篇目另由他人撰文绘图的,均加以注明;部分篇目虽为零星文章(基于多种原因目前只收集到部分文章),也一并收录并加以说明;"海派俗语""舞场俗语"文章原均单篇刊发连载,本次整理出版时(考虑到版面因素)均以两篇并列编排,特此说明。

二是除对比较明显的错别字进行了更正外,语言风格、用字、标点符号等都按照历史原貌真实再现。文章有些上海话俗语的用字,限于当年文人的认识,未必是正确的写法,甚至有两三种写法在文中并存,我们一并照旧,不作改正。对一些看不清楚的字,本着负责的原则,以"口"符号进行标注替代。本书对于语言、民俗、文化、社会等各界的研究兼具一定的文献价值。

三是将竖排繁体字改为横排简体字,在书前加了目录,并配以上海话俗语篇目笔画索引以便查找,使得新版更适合广大读者阅读。

这些连载于报刊的作品均为首次整理出版。

编　者
2015年7月18日

# 目 录

## 海派俗语图解

| | | |
|---|---|---|
| 一 | 独养儿子 老鸢 …………… | 3 |
| 二 | 魁 绍兴 …………………… | 4 |
| 三 | 吃豆腐 脚跷黄天霸 ……… | 5 |
| 四 | 邱六乔 老旦唱京戏 ……… | 6 |
| 五 | 糟田螺 统厢房 …………… | 7 |
| 六 | 盖叫天 摆架子 …………… | 8 |
| 七 | 么六夜饭 阿元戴帽 ……… | 9 |
| 八 | 跑香槟 串龙灯 …………… | 10 |
| 九 | 法兰西闲话 罩子过腔 …… | 11 |
| 一〇 | 老虎肉 一〇一 ………… | 12 |
| 一一 | 脱底棺材 鸢子一夜天…… ………………………… | 13 |
| 一二 | 九更天 揿眼药 ………… | 14 |
| 一三 | 黄牛肩胛 孵豆芽 ……… | 15 |
| 一四 | 色霉 开条斧 …………… | 16 |
| 一五 | 小放牛 牙签 …………… | 17 |
| 一六 | 十三点 龙头 …………… | 18 |
| 一七 | 干血痨 摆华容道 ……… | 19 |
| 一八 | 量尺寸 砍招牌 ………… | 20 |
| 一九 | 大舞台对过 小儿科 …… | 21 |
| 二〇 | 六路圆路 装胡羊 ……… | 22 |
| 二一 | 挨血 眼睛地牌式 ……… | 23 |
| 二二 | 邓禄普 氽浴 …………… | 24 |
| 二三 | 白板对煞 抛岗 ………… | 25 |
| 二四 | 摆血头 还小帖 ………… | 26 |
| 二五 | 隐抛 开光 ……………… | 27 |

\* 编者注：各编所有文章按照当时刊发连载顺序编排。

## 舞场俗语图解

一　垃圾车　挂名拖车……… 31
二　玻璃拖车　行交行拖车…… 32
三　旺血拖车　拜金拖车……… 33
四　黄包车　大班拖车………… 34
五　小郎拖车　四等车………… 35
六　氍毹拖车　老板拖车……… 36
七　百宝箱　阿桂姐…………… 37
八　姆妈拖车　花龙头………… 38
九　垃圾马车　舞女大班……… 39
一〇　冷台子　压轴台子……… 40
一一　头只台子　捧场台子…… 41
一二　救济台子　跑牌头……… 42
一三　逃票台子　横堂舞票…… 43
一四　飞过海　场外交易……… 44
一五　夹心饼干　拖车对碰…… 45
一六　厕所风光　电话听筒…… 46
一七　开条斧　龙拖脱轨……… 47
一八　搭洋琴鬼　文化舞女…… 48
一九　色霉大班　苦恼大班…… 49
二〇　拿工钿朋友
　　　迷汤穷灌………………… 50
二一　八月之花　吃洋盘……… 51
二二　隔壁大令　吃干醋……… 52
二三　阿桂姐　扎客人………… 53
二四　吃得死脱　酥桃子……… 54
二五　架子红星　两面黄……… 55
二六　却八索　金牙签………… 56
二七　当他吗也　装胡羊……… 57
二八　条斧目录　白斩鸡……… 58
二九　送煤球
　　　黄熟梅子卖青…………… 59
三〇　苗头缺缺　逗五逗六…… 60

## 舞场术语图解

一　阿桂姐……………………… 63
二　单洋客人…………………… 64
三　吃汤团……………………… 65
四　拆字滩……………………… 66
五　黄包车……………………… 67
六　开水………………………… 68
七　老开………………………… 69
八　洋琴鬼……………………… 70
九　小放牛……………………… 71
一〇　牙签……………………… 72
一一　走汽……………………… 73
一二　雨夹雪…………………… 74
一三　龙头……………………… 75
一四　拖车……………………… 76
一五　亚尔曼…………………… 77
一六　迷汤……………………… 78
一七　广告舞…………………… 79
一八　老旦……………………… 80

| | | | |
|---|---|---|---|
| 一九 | 掼纱帽 …… 81 | 四〇 | 火山 …… 102 |
| 二〇 | 席梦思 …… 82 | 四一 | 出轨 …… 103 |
| 二一 | 干血痨 …… 83 | 四二 | 捣蛋 …… 104 |
| 二二 | 邱六乔 …… 84 | 四三 | 跑香宾 …… 105 |
| 二三 | 象牙肥皂 …… 85 | 四四 | 排骨 …… 106 |
| 二四 | 描花 …… 86 | 四五 | 媚眼 …… 107 |
| 二五 | 坐台子 …… 87 | 四六 | 买票带出 …… 108 |
| 二六 | 曲死 …… 88 | 四七 | 四喜 …… 109 |
| 二七 | 贴 …… 89 | 四八 | 小郎 …… 110 |
| 二八 | 洋盘 …… 90 | 四九 | 开户头 …… 111 |
| 二九 | 摆 …… 91 | 五〇 | 掉枪花 …… 112 |
| 三〇 | 天门头 …… 92 | 五一 | 淴浴 …… 113 |
| 三一 | 吃豆腐 …… 93 | 五二 | 下海 …… 114 |
| 三二 | 胡羊 …… 94 | 五三 | 揩油 …… 115 |
| 三三 | 弹性 …… 95 | 五四 | 转台 …… 116 |
| 三四 | 马桶间阿姨 …… 96 | 五五 | 走红 …… 117 |
| 三五 | 刮刮叫 …… 97 | 五六 | 白果 …… 118 |
| 三六 | 骚来 …… 98 | 五七 | 捧场 …… 119 |
| 三七 | 舞女大板 …… 99 | 五八 | 大令 …… 120 |
| 三八 | 大转弯 …… 100 | 五九 | 厚皮 …… 121 |
| 三九 | 抱台脚 …… 101 | | |

# 骂 人 辞 典

| | | | |
|---|---|---|---|
| 正名宣义 …… 125 | | 六 | 猪猡 …… 133 |
| 一 | 杀千刀 …… 128 | 七 | 死人 …… 134 |
| 二 | 饭桶 …… 129 | 八 | 老鸢 …… 135 |
| 三 | 小赤佬 …… 130 | 九 | 死乌龟 …… 136 |
| 四 | 烂污皮 …… 131 | 一〇 | 浮尸 …… 139 |
| 五 | 邓禄普 …… 132 | 一一 | 瘪三 …… 141 |

| 一二 | 洋铁罐头 | 142 | 四三 | 邱六桥 | 191 |
| 一三 | 阿木林 | 143 | 四四 | 起码人 | 192 |
| 一四 | 遗尿宝 | 145 | 四五 | 马屁鬼 | 194 |
| 一五 | 白礼氏 | 146 | 四六 | 三脚猫 | 196 |
| 一六 | 雌老虎 | 148 | 四七 | 鸭屎臭 | 198 |
| 一七 | 十三点 | 150 | 四八 | 杨树头 | 199 |
| 一八 | 小儿科 | 152 | 四九 | 白脚花狸猫 | 200 |
| 一九 | 丈二豆芽 | 153 | 五〇 | 脱底棺材 | 202 |
| 二〇 | 大菜盆子 | 154 | 五一 | 猪头三 | 204 |
| 二一 | 小扇子 | 155 | 五二 | 野人头 | 205 |
| 二二 | 文旦壳子 | 156 | 五三 | 阿桂姐 | 207 |
| 二三 | 白虎 | 157 | 五四 | 糟兄 | 208 |
| 二四 | 电灯泡 | 159 | 五五 | 梁新记 | 209 |
| 二五 | 捞血党 | 160 | 五六 | 烂屁股 | 210 |
| 二六 | 象牙肥皂 | 162 | 五七 | 算盘珠 | 211 |
| 二七 | 皮条客人 | 163 | 五八 | 煨灶猫 | 212 |
| 二八 | 垃圾马车 | 165 | 五九 | 白蚂蚁 | 213 |
| 二九 | 花瓶 | 166 | 六〇 | 老燕子 | 215 |
| 三〇 | 活马 | 168 | 六一 | 郎德山 | 217 |
| 三一 | 隔年蟛蜞 | 170 | 六二 | 放野火 | 218 |
| 三二 | 曲死 | 172 | 六三 | 夏侯惇 | 220 |
| 三三 | 过期票子 | 174 | 六四 | 四眼狗 | 221 |
| 三四 | 千人坑 | 176 | 六五 | 半吊子 | 222 |
| 三五 | 寿头 | 178 | 六六 | 鬼触皮 | 223 |
| 三六 | 老爷 | 180 | 六七 | 操那娘 | 224 |
| 三七 | 死人额角头 | 182 | 六八 | 勿要面孔 | 225 |
| 三八 | 黄包车 | 184 | 六九 | 狗皮倒灶 | 227 |
| 三九 | 鸭脚手 | 186 | 七〇 | 绝子绝孙 | 228 |
| 四〇 | 定头货 | 188 | 七一 | 板板六十四 | 230 |
| 四一 | 烧鸭壳子 | 189 | 七二 | 捉狭鬼 | 231 |
| 四二 | 油煎猢狲 | 190 | 七三 | 象牙猢狲 | 232 |

| 七四 勒煞吊死 …………… 233 | 七九 老勿入调 …………… 238 |
| 七五 阴阳怪气 …………… 234 | 八〇 辣手 ……………………… 239 |
| 七六 婊子生 ………………… 235 | 八一 无轨电车 …………… 240 |
| 七七 屁精 …………………… 236 | 八二 电线木头 …………… 241 |
| 七八 贼种 …………………… 237 | 八三 尖头巴戏 …………… 242 |

附　篇目笔画索引 ……………………………………………… 243

萧萧/文 江郎/图

# 海派俗语图解

全文共收录50篇上海话俗语文章,其中前45篇刊发连载于《天报》(民国卅六年三月五日至民国卅六年四月卅日);最后5篇中有2篇刊发于《风报》(民国卅六年五月一日至五月二日),3篇以《白相地界术语图解》为题刊发于《海涛》(民国卅七年)。

民国时期上海无疑是中国的文化中心,作为西风东渐的上海,各种文化兼容并蓄,东西方文化在此碰撞,不断地创造出许多新事物,大量的"海派俗语"于是应运而生。

# 一 独养儿子　老鸢

**独养儿子**

儿子是宝贝,独养变瘟生,
钱使刀背上,笔煞外国人。

吴语称独养儿子为瘟生(One Son),沪谚切口谓用钱用在刀背上,亦曰瘟生,与英语独养儿子读音巧合,于是独养儿子,遂变成瘟生之代名词矣。

**老　鸢**

自诩满腹经纶,
人前吱吱喳喳。
翘起大姆指头,
鸢都不懂一只。

社会上有一种人,自诩学问渊博,其实满肚尽是稻草,在人面前老三老四,翘起大姆指,一面孔自说自话派头,老茄茄令人齿冷,此即所谓老鸢也。

## 二 魁　绍兴

### 魁

拳打南山猛虎,足踢北海蛟龙。
当场拆穿现世,原来纸糊灯笼。

"魁"者,魁首也,大也,上海人把它用作"吹牛皮"代名词,站在人前,自吹自唱,一股吹牛皮眉眼,大魁而特魁,等到西洋镜拆穿,原来竟是纸糊灯笼,不过魁起来有时也会得到意想不到效力,尤其在女人地界,越是魁得足,越会博得女人的欢心,搭壳子之计售矣。

### 绍 兴

绍兴佳酿,四海闻名,真崭实货,到处难寻,膺鼎西贝,冒充极品,上当子码,火烛小心。

绍兴酒,为越郡名产,近年陈货不多观,酒肆所售花雕太雕,十九系苏州等处西贝货,非老酒鬼不能辨,上海海派切口遂以之为上当代名词,犹如会钞的绍兴酒钱,吃的是假绍兴酒,岂非为酒肆所欺乎,常有人征妓,言明须人家人,实际来者乃一街头拉客野鸡,茶房或妓院主政,做客人此种绍兴,最为硬伤也。

## 三 吃豆腐 脚跷黄天霸

### 吃豆腐

有女艳如花,倚门卖风流。豆腐小三子,穷吃阿二头。

"吃豆腐",是海派最流行普遍的一句切口,其出典大概是不外乎寓有寻开心或打绷的意思,上海滩欢喜吃豆腐的人多得邪邪气气,尤其是猎艳的好手,看见女人,穷吃其豆腐,往往有许多妖姬荡妇,被豆腐一吃,反而觉头轻脚重,心里痒痒的,跟了男人就跑。

### 脚跷黄天霸

天天别头寸,夜夜枕足心,债主鱼贯至,鬼脸不留情,财喜从天降,屁股一齐清,脚跷黄天霸,阿爷一身轻。

这一句海派话,似乎很奇怪别致,其实解释之后,反而觉得新颖有趣,我们在白相人地界,常常看见这样一个镜头,某人为一件事着急得不得了,旁边的人反而幸灾乐祸的若无其事,着急的子码,必定带海派的口气质问他,"老兄,不要脚跷黄天霸好哦",这句话就是"笃定泰山"的意思,黄天霸常在戏台上跷脚踢鸾带,于是就把这位仁兄拉进去借用一下了。

## 四 邱六乔　老旦唱京戏

### 邱六乔

天字第一号,强盗邱六乔。

杀人不眨眼,烂污刮刮叫。

邱六乔是珍珠塔里面那个浑帐脸蛋儿的强盗,杀人放火,打家劫舍,无所不为,可以称为天字第一号拆烂污的祖宗,这一类的邱六乔,上海滩多如过江之鲫,凡是涉世未深的人,都很容易碰见他而受其愚弄,什么放笼,欺骗,造谣,吃俸禄,都是邱六乔唯一的本领。

### 老旦唱京戏

老旦唱京戏,肉麻当有趣。拉起高调门,尽嗲勿动气。

"老旦唱京戏",一作"老太婆唱京戏",意思是说一个人在人面前发嗲,试问让鸡皮鹤发的老太婆,在台上唱四郎探母的铁镜公主,那不是变成了妖怪了吗,这句海派切口,应用的地方很广,我们常在白相人圈子里,看见该血的朋友哭穷,旁边的人,必定拿这一句话打趣他,"朋友,勿要老旦唱京戏好哦"。

五 | **糟田螺　统厢房**

### 糟田螺

宁波糟田螺,滋味真不错,在此处,竟变宿货,过时派头大众嫌,在人前,小啰唣。

上面这首调寄南楼令的歪词,是解明海派俗语所称糟田螺,并不是宁波出产香喷喷的佐酒妙品,而是说一个过了时的人,又名宿货,隔宿的货色,自然是陈腐而不新鲜了,大凡人们吃田螺时候,第一步工作是缩,然后再呼,"吮""呼"二字与宿货音相同,田螺遂成了过时货的代名词,"糟"是喻糟不可言,即邵西平笔下之 eat 也。

### 统厢房

子码脱底屁股烂,只赔不吃钱输光。

霸王卸甲阿屎臭,汗衫短裤统厢房。

老朋友地界,脱底是家常便饭,他们完全抱的是今日有酒今日醉的主义,尤其是一般好赌的子码,看见牌九麻将,真像苍蝇见血,赶都赶不走,输光了把长衫一脱,作价再赌,里面连衬里短衫裤都没有,犹如一间统厢房也。(外穿长衫一件内里只有汗衫裤,均可称统厢房)

海派俗语图解 | 7

## 六 盖叫天 摆架子

**盖叫天**

跌扑短打武工冲,江南盖五数第一,朋友地界群英会,道他从不穿长衣。

上海滩有一种人,终年四季,不穿长袍,人前人后,总是一身短打,也有雄纠纠气昂昂,不失英雄本色的,也有萎瘪瘪和煨灶猫一般的,这般不穿长衫的朋友,大家都叫他"盖叫天",久而久之,竟变成了穿短打的代名词,盖五是江南短打武生宗匠,闻之亦足以自豪矣。

**摆架子**[*]

弹性阿桂姐,汤团称大王,钞票袋不进,老脸游四方,翘起二郎腿,搔首似坐庄,小鱼钩不住,人人道松香。

近来"摆架子"一语,盛行于欢乐场中,如货腰女郎,夜间营业不振,常嬲姊妹淘,光顾茶寮,翘起二郎腿,大摆其松香架子,经人拆穿,大都其讪不搭,只有瘟生才被嚛头摆进而上钩,其实摆架子并不限于女性,男人亦可通用,架子愈摆得足,即愈有台型也。

---

[*] 此"图解"为飞莺文、李丽图。

## 七　么六夜饭　阿元戴帽

### 么六夜饭*

铜板十六个,清菜豆腐羹。两碗帽儿筒,咽咽一扫光。

口袋里没有钱,吃不起大鱼大肉,只好去请教一次"么六夜饭",这句辙儿的出典,很有意思,因为从前只要十六个铜板,一碗清菜豆腐汤,两碗饭,(帽儿筒杭谚,喻盛饭满出碗外,像一顶帽尖)就够一个人果腹了,十六个铜板缩音叫一六,一六夜饭叫起来不大顺口,索兴就借用了牌九里那张"么六"牌,现在上海盛行这句话,不过常常吃么六饭的人,他的情形,一定是大高而不妙呢。

### 阿元戴帽

运气生成苦命,心痒想发横财,眼看股票横跳,跟了屁头穷买,大鱼吃饱逃生,小鱼套牢发呆,等于阿元戴帽,一家一当铲翻。

元字上加一顶帽子,岂不是"完"字吗,现在海派术语,把"完完大吉"这句话,叫做"阿元戴帽",凡是社会上一切的事情,如人死,等等,都可应用这句俗语,不过含义寓有悲观的成份,万不可遇"完"即用,假如有人问你饭吃过吗,你也说"阿元戴帽",那就牛头不对马嘴了。

---

\* 此"图解"为飞莺文、李丽图。

## 八 跑香槟 串龙灯

**跑香槟**

喜戴高帽子,马屁拍不穿,貌似无盐丑,芳名叫囡囡,爱人情里眼,香槟跑不完,妹妹我爱你,容貌赛天仙。

高帽子人人欢喜戴,马屁人人欢喜吃,越是帽子给人家戴得高,马屁拍得足,就越会有生路,"跑香槟",不是一幕极度紧张的局面吗?骑师手甩马鞭,穷拍马屁股,结果,鳌头独占,其心之窝,可想而知,所以人生在世,无论在任何场合,都至少要有会跑香槟的本领啊!

**串龙灯**

龙灯两头耍,专门掉枪花,亏他奔波忙,长舌赛钢叉。嘴巴动一动,立刻大祸闯,鹬蚌头打开,渔翁笑哈哈。

社会上大概是闲人太多了吧,吃饱白米饭,没有事体做,东家道长,西家道短,触霉脚是这般家伙,唯一本领,舌尖伸得像钢叉那样尖锐,两头乱凿,龙灯掉得,把当事人掉得不知所云,他搬是非的目的达到了,任凭你们打得皮破血流,干我鸟事。

## 九 法兰西闲话　罩子过腔

**法兰西闲话**

小脚烂污皮,歪头不讲理。吐沫溅四座,闲话法兰西。

我家楼下住了一个小脚烂污皮,从朝到晚,闲话多得邪邪气气,一口江北那块妈妈声调,歪起头,蛮不讲理,说起话来,口沫四溅,听的人听过听伤,所以只要她一开口,男人必定在旁边高声嚷道:谢谢侬,勿要讲法兰西闲话好哦,这句话是海派辙儿中所常听见的应用俗语,以两个人红面孔口角时候,最容易听到,盖当唇枪舌剑当儿,说话意气用事,自然蛮不讲理,而大打其法兰西的官话了。(据说法兰西人蛮不讲理)

**罩子过腔**

世上莫如交友难,眼不识人真犯关。罩子过腔上大当,屈死活该尝佬丹。

罩子,即一双眼睛之谓,现在社会上除吃饭做人等难问题以外,对于交朋友也要得把罩子放清楚一些,所谓眼光要准确,不能糊里糊涂,随便阿猫阿狗,都是好朋友,相信得把头都割得下来,万一罩子过了腔,看走了眼,结果一定是大上其当,被他摆了丹佬去,大至身败名裂妻离子散,小至劳民伤财,你看可怕不可怕。(过腔简单的说,就是瞎了眼的意思。)

## 老虎肉

**老虎肉**

门面装潢考究,派头堂皇富丽,整碗另拆全有,货色未必道地,价钱贵得吓人,小吃大钞会去,绍兴尽他做足,斫得袋中脱底。

老虎肉这句话,是表示东西贵得吓坏人,竟和老虎肉那样名贵。只要看今年东新桥一家药铺,杀了一只老虎,攒下来的肉,每斤卖一万元,比猪肉贵上一倍,买主还是争先恐后而来,一扫而空,大家还要说便宜,可见老虎肉的价值了,这一句海派俗语,用在上馆子或吃的地界,最为恰当。

## 一〇一

亭子间里一房客,脾气生得太特别,不爱修饰不换季,成天瘪得常搁血,短衫短裤油光腻,长衫补丁排如密,朋友笑他何节俭,他道我是一〇一。

一〇一是一个数目,但是上海海派术语,用作"只有一样"的解释,发明这句话的人,颇具巧思,我常听见没有衣裳穿的人,时常发牢骚,我的行头,永远是一百零一件,这就是指除身上所穿的以外,就别无苗头了,还有人把荡马路也叫做一〇一,据说是象形,表示两条腿,和胯下一物,似乎有些勉强,殊为不取。

# 一一 脱底棺材　鸾子一夜天

**脱底棺材**

棺材脱了底,如何装死人,尸首如油漏,天窗开后门,登徒纨裤子,游荡天生成,家无隔宿粮,烟花巷中寻。

棺材脱了底,试问如何装死人,当然得想法把底补上,否则真成了"死人不管",社会上有一种人,生成游荡成性,有了钱巴不得在一时三刻中挥霍完结,等到钱用完了充其量躲起来大孵其豆芽,一年三百六十天,差不多三分之二的时间在过这种脱底生活,这有很多公子哥儿,有了钱,百事不管,连家中无米下锅,都不在他心上,舞场妓院,尽情享乐,这一类的人,可称脱底大王。

**鸾子一夜天**

举动像发癫,闲话不连牵,胡闹是本色,打绷他占先,牛头对马嘴,歪理不着边,喉咙高又亮,鸾子一夜天。

稠人广座之中,常常有一种少不更事的人,屁不懂一只,信口开河,牛头不对马嘴的瞎胡闹,人家说东,他偏要说西,其实完全是自得其乐,这种人我们在他开口时候,就可以拿这句海派俗语去对付他,意思是说他胡闹,至于"鸾子一夜天"的意义,请读者自己去体会吧。

# 一二 九更天　揦眼药

### 九更天

　　穷得搭搭滴,偏生不争气,到处触霉头,事事不如意,房金水电急,儿女讨学费,天天滚钉板,夜夜九更天。

　　京戏中九更天,马义救主,穷滚钉板,结果因为打了九更,而天不亮,引起闻仲的疑窦,折反这件冤狱,上海海派切口,竟把这个名词,应用到一个人穷得不可开交,天天犹如马义在大滚钉板,没有天亮的日子一样。

### 揦眼药

　　家中坐得厌气,眼里谈出鸟来,马路权充巡阅,踱踱方步蛮崭,女人屁股看齐,双峰迷人欲醉,碰着不灵翻司,叫人几乎开胃。

　　揦眼药,意思是说一个害眼睛的人,揦上一些老笃眼药,或者沃古林,自然觉得非常适意,所以一个人在家里气闷得不得了,安步当车的,跑到马路上去逛逛,所有景物,悉收眼底,胸襟为之一开,这也可算是揦眼药,不过现在上海的海派词儿,专把他应用在看女人的场合,未免太狭义了。

## 一三 黄牛肩胛　孵豆芽

**黄牛肩胛**

牛皮哗啦乱吹，到处都说有路，信口开河瞎扯，其实说过算数，洋盘不知，拱手请求照顾，全本黄牛肩胛，连得踪影全无。

黄牛的肩胛，是平的，所以人说，黄牛没有肩胛，现在海派词儿，喻一件事情没有回音，或不成功，叫黄牛，肩胛是责任的意思，四个字连起来，便成了不负责任的涵义了，喜欢"黄牛肩胛"的人，时常乱魁乱吹，吹过就算数，要是相信他寄以重任，一定会给你一个不见面，托他的事，等于白说，变成黄牛肩胛了。

**孵豆芽**

灶坡间里，一对夫妻，愁眉苦脸，呒没铜钿，房中空空，家徒四壁，当得精光，只剩被絮，一条草席，横铺在地，窝在其中，饭也不吃，牛衣对泣，泪下如雨，豆芽出山，才得吐气。

孵豆芽，这句话太普通了，差不多连小孩子都会说，大凡一个人袋中搁了血，躲在家里不出来，就是孵豆芽，反之，钞票有了，依然在外面神气活现，那就叫做豆芽孵出了山，记得有一则孵豆芽的笑话，夫妻二人，把所有家中物件都当尽卖光之后，男人又把女人身上穿的仅有一件衣裳当去，和她窝在稻草里，一直到豆芽孵出山再令她的老婆起来。

海派俗语图解

## 一四 色霉 开条斧

### 色 霉

街头野鸡两只,嘴里叫着来啥,冬烘先生路过,豆腐眼药穷揿,鼻子凑近面孔,双手胸前乱抓,厢局价钱讲好,请来陪我到家。

男人看见漂亮女人,总有些色忒嘻嘻,有时竟像饿狗那样馋,钉在后面,这就是"色霉"的表演,年轻小伙子叫小色霉,年纪大的人自然叫老色霉。偏有许多乡曲,走到野鸡面前,穷吃豆腐,这种人的色霉,那么是道地乡下色霉了。

### 开条斧

公司屋顶跑跑,玻璃杯儿搭牢,一副正经眉眼,心里实在难熬,约她去开房间,开口就要旗袍,春季大衣一件,外加新式手表。

"开条斧"这句话,盛行于欢场中,最多见的情形,就是一个男人想转女人的念头,女人在没有就范以前,必定大开其条斧,只要男子顶得下斫下来的斧子,好事立刻就可以成功,也有斧子不灵,斫下来把男人吓得逃走的。(注:这句话含有狮子大开口,敲竹杠的意思)

## 一五　小放牛　牙签

### 小放牛

精彩跳舞小狗,面孔崭得少有,一只台子坐过,念万开许出手,明朝三点敲过,大家旅馆碰头,左等右等不来,竟然大放其牛。

小放牛,并不是京戏里唱的那出玩笑戏,乃是说一个人应他人的约,到了时候,大拆烂污,踪影全无,现在红遍舞国的洋囡囡李珍,她是出名的小放牛,所以她最先的绰号也叫小放牛,她不但人家约她会放生,有时她自己约人吃饭,或者上那里去玩,也会放牛而不至,这种人的信用,比粪都要臭呢。

### 牙　签

牙签牙签,真正可怜,用场派过,甩在一边,有些男人,喜欢新鲜,目的达到,两不搭讪,路上看见,双眼望天,这种子码,就是牙签。

牙签并不是我们常用作剔牙齿的那根名小小棒儿,完全是欢场中新兴的一个海派词,譬喻男人白相女人,喜新厌旧,只有一次头,绝对没有第二次的胃口,用过派过算数,那还不是和牙签的情形相彷佛吗。

## 一六 十三点 龙头

### 十三点

态度傻头傻脑,满嘴唠哩唠叨,一味自作聪明,浅薄令人可笑,时常憨得可掬,周身骨头轻飘,不怕旁人讨厌,面皮算他最老。

"十三点"这个海派名词,大概用不着我再来解说了,时钟大家都知道是十二点,绝没有十三点,可见具有这种作风的人,无论男女,他们的浅薄可笑,周身骨头奇轻,连脑袋都不清楚。关于和十三点相同性质的俗语,还有很多,常能见的有"金少山"、"户口米"、"么五么六"、"电话听筒"等。

### 龙头

龙头龙头,性情温柔,拖在后面,吃穿不愁,钞票尽用,予取予求,瘟生会钞,我来享受,行踪秘密,舞场少走,让人发觉,鱼不上钩。

龙头,是形容舞场里的舞女,她爱一个户头(这种户头,以小白为多),特别对他表示好感,白天送进舞场,晚上伴送回家,双宿双飞:这种表演,舞女就叫做龙头,小白就等于是拖车子(参阅本报龙拖鸳鸯谱),不过拖车和龙头的关系得秘密一些,要是让化钱的老爷们知道,他们顶怕是这一件事,唯一办法,只有退却,不再愿意上钩,作无谓的牺牲了。

## 一七 干血痨 摆华容道

### 干血痨

子码东攒西跑,骨瘦像根油条,说话无精打采,成天关门睡觉,朋友约他跳舞,脑袋不住乱摇,何妨来脱四圈,他说干血成痨。

干血痨是五痨七伤病中最危险的症候,一个人要是生病到了这个地步,就相当的危险。上海海派名词叫钞票谓之为"血",干血痨,就是说袋里干瘪瘪连钞票都没有,凡是患干血痨的朋友,他们总是无精打采的连神气都振作不起来,要是等到血旺,一个个又昂首阔步,神气活现了。

### 摆华容道

关公华容道,奉命去挡曹,摆下空架子,反放阿瞒逃,如今海派语,也来取取巧,拆穿西洋镜,黄胖春年糕。

关公奉了师爷将令,带领一哨人马,到华容道去捉曹操,不料他思念当年旧故交,反而把阿瞒放走,等于摆了一会空架子,这段故事,社会的人们太熟悉了,所以海派术语,也把他借用一下,常看见有一种人,和人打架,自己没有力量,叫了许多脓包去摆华容道,结果,西洋镜拆穿,莫不抱头鼠窜而去,真有些像黄胖春年糕,有些吃力不讨好呢。

## 一八　量尺寸　砍招牌

### 量尺寸

裁缝师父苏广成，一天到晚量尺寸，浑身上下码尺搁，肩背腰股甩输赢，狐臭子码讨惹厌，气味难闻打恶心，精彩牌头老主顾，眼药揩足顶欢迎。

裁缝师父，量尺寸是他们本工的生活，一天到晚都在这里面过日子，现在海派俗语的涵义，似乎有些不同了，他们把估计一个人有多少力量，甚至性生活本领有多少强，都用"量尺寸"这句话来代替，读者看过京戏里的打渔杀家吗，当卷毛虎倪荣初会见萧恩的时候，忽然走上前去，狠命把萧恩的手拉住，并且大叫一声，试试你胆量如何，这位仁兄的试胆量，也就是他在量萧恩的"量尺寸"啊。

### 砍招牌

上海滑头真多，自夸金字招牌，常在人前现世，不怕丢丑坍台，约了艳侣出游，牛皮把嘴吹歪，会钞三轮车费，误摸当票出来。

上海是滑头世界，随便什么事情，都有滑头货，但是要吃饭，也非要滑头不行，不滑头就没有饭吃，可是有时如卖滑头药，做滑头戏，给人家拆穿，坍尽招牌，还有一批抖五抖六的小捣乱，成天在外面搅女人，袋里又没有钱，只得在家里偷衣裳上当铺，把当来的钞票，在女人地界玩阔，在时一个不留心，在会钞三轮车钱时，竟把当票摸出来，真是砍尽招牌了。

## 一九 大舞台对过　小儿科

### 大舞台对过

两个朋友刎颈交,抢夺壳子各不饶,你说我剪你的边,我说你跳我的槽,赌神发咒不承认,自问可以对天表,汉口路上文魁斋,他会让你全知道。

你偷过东西吗?你和舞女搅过吗?常常听见人这样问,但是被问的人,又往往指着天,赌神发咒的大叫,"大舞台对过",这句话突如其来,似乎非常费解,但是假如你到大舞台对过去看一下,你就可以了然了,原来那里有一家糖果老店,招牌叫"天晓得",他们就用这句话来解释他没有做过的事。

### 小儿科

上海白相朋友,门槛精的太多,洋盘究竟少有,独多小儿医科,约了舞女表演,五味齐中一坐,叫只排喜菜饭,派头未免奇恶。

"小儿科",并不是说像徐小圃这样替孩子看病的医生,这句海派语,是专指刮皮朋友,派头奇小而言,意思是说,你这个医生派头小得很,只是替小孩子看病的,常有许多人,跑到外面去搭女人,任何地界,他都怕化钱,用几个钱肉麻得很,甚至有人,女人让他请客,他竟带她到菜饭店去,派头未免太小了。

## 二〇　六路圆路　装胡羊

**六路圆路**

上海有条电车路,圈子兜得无其数,与众不同无起点,末站不知在何处。一会兜到东新桥,一会又从外滩过,何妨坐坐白相相,叮叮当当蛮舒服。

上海在战前有一条电车,名为"六路圆路",经过东新桥,外滩北火车站,南京路,又回到东新桥,没有起点,也没有终点,恰巧是一个圆圈。等于是在兜圈子(战后这条路已经废除了),于是海派的话,就把"六路圆路"这句话,拿来用作代表兜圈子的名词了。

**装胡羊**

胡羊即糊样,装得太贼腔,当作吭介事,罩子看粉墙,债主来讨帐,炮台名烟香,满脸笑嘻嘻,四郎探母唱,子码难开口,再坐不识相,穿好衣服走,白跑了一趟。

装胡羊,就是上海话假痴假呆的代名词,北平话"满没有这回事",这也是装胡羊的意思,能够装胡羊的人,大多是聪明极顶,他们每逢欠了人家的钞票,债主上门,嘻皮笑脸,敬茶敬烟,王顾左右而言他,结果弄得讨帐道的朋友,连口都无法开的走了,还有该钞票的朋友,怕人向他借钱,常常胡说八的哭穷,也是装胡羊的不二法门。

## 二一 挨血　眼睛地牌式

### 挨　血

钞票叫做血,硬要叫做挨,袋里瘪里瘪,心中想着他,管你肯不肯,拿点给我化,帽子歪戴着,人家看见怕,目的达到了,嘻嘻哈哈哈。

"血"是海派代表钞票的新名词,"挨血"自然是说去找钞票的路了,这句话以白相人地界应用最广,遇到袋里空空如也的时候,动脑筋到外面去挨血,拆梢,硬借,骗诈,都是他们挨血的方式,不过血挨到了手,他们认为是天亮了,随便乱化,所谓今日有酒今日醉,是他们的本色哩。

### 眼睛地牌式

邻居老甲鱼,娶得美貌妻,鱼水不和谐,外头偷荤吃,爱人小白脸,洋洋真得意,老爷触眼帘,恼得一包气。

"地牌"是牌九里面一张牌,一共只有两点,圆溜溜的恰和一对眼珠相似,"眼睛地牌式",是海派术语,说一个人眼睛发呆,睁得圆溜溜的,像地牌一般。譬如说,一个老甲鱼,他讨了一位美貌的小妻,不安于室,在外面札姘头,并且拉了小白脸从他面前走过,自然要气得他两眼发呆,要和地牌一样了。

## 二二  邓禄普  泹浴

### 邓禄普

鹤鸣鞋帽商店,天下第一厚皮,钢针击他不穿,等于铜墙铁壁,痰吐耳光上去,唾面自干风味,成天穷吊膀子,是他拿手好戏。

"邓禄普"是外洋最精良出品的橡皮车胎,差不多有六七寸厚,和鹤鸣鞋帽商店的天下第一厚皮相仿,现在上海海派术语,把他用作"老面皮"的解释,具有老面皮作风的人,一点不怕难为情,在人前受人发落,取笑,他都不会动气,有时甚至吐一口痰在他脸上,或者刮他几个耳光,他都会笑嘻嘻对着你,真有唾面自干的风度哩。

### 泹 浴

窑子姑娘,脱底大王,债台高筑,当得精光,首饰钻戒,一齐泡汤,碰着屈死,口似蜜糖,嫁他做小,钻进浴缸,钞票捞饱,拆伙散场。

"泹浴",并不是到浴缸里去洗澡,是说妓女们负了一身债,或者到了尴尬局面,不可开交,连忙找一个人嫁给他,过过度办法,钞票捞饱之后,实行散伙,旧债全清,等于泹了一次浴,将身上的尘垢都洗得清清楚楚,有些本领高强的窑姐们,一年四季尽在泹浴,泹之不已,钞票也就多得木老老了。

## 二三 白板对煞 抛岗

**白板对煞**

漂亮摩登女,专门恋小白,总数十二个,齐巧凑一打,今朝开房间,明天蓬拆拆,公园来相会,白板齐对煞。

"白板对煞"这句语所指的白板,并不是指麻将牌里中发白的那张白净净的牌,上海有些漂亮女人,不是欢喜小白脸吗,这个地方的白板,就是指小白而言(也有用作姘头解说的),假若一个女人爱上好些男人,在某一天两个小白或姘头,不约而同的碰在一块,那就叫做白板对煞,当时女人的那副窘态,其窘可想而知了。

**抛 岗**[*]

马路行人道上,多了无数抛岗,不是警察老爷,却是美貌娇娘,她们岗位无定,每天东荡西荡,遇着色霉仁兄,媚眼迷汤乱上,穷凶极恶拉人,等于野鸡一样。

"抛岗"这个名词,在海派俗语中,盛行得还不久,意思是形容女人在外面打游击拉户头,和警察老爷站岗一样,抛在那里,也有在舞场中的,也有在茶室中的,也有在戏馆里的,最多的还是晚上在路上的多,这类抛岗女郎,换一句话说,还不是野鸡吗,不过比野鸡高明一些罢。

---

[*] 载《风报》,民国卅六年五月一日第三版。原为《海派俗语图解》连载之第46期。

## 二四  摆血头  还小帖

**摆血头**\*

罗宋夫妇,一搭一挡,一个背布,一个拉箱,穷心极恶,旅馆乱闯,全部绍兴,血头穷放,若不留心,立刻上当,假货买去,用过用伤。

注:血头这个名词,似乎也无须由我解释,不过明明知道是噱头,男男女女的人,还要上当,实在是摆噱头的摆得太高明了,这批罗宋瘪三,夫妻二人,在旅馆中一搭一挡,拿了假的哔叽,乱摆噱头,如霸王硬上弓一般,硬逼着去买,有时遇着客人稍为阿屈死一些,怕外国人,那就绍兴被他做进了。

**还小帖**\*\*

徒弟开过香堂,行为怪谬荒唐,
屡次训诫不改,事情只有弄僵,
当面送还小帖,彼此断绝来往,
假如招摇撞骗,大家面孔散场。

老头子发觉徒弟的行为不正,屡次告诫,充耳不闻,只得和徒弟断绝来往,送还小帖,"还小帖",就是前人开除徒弟帮籍之谓。

---

\* 载《风报》,民国卅六年五月二日第三版。原为《海派俗语图解》连载之第 48 期。
\*\* 载民国卅七年《海涛》。原为《白相地界术语图解》连载之第 16 期。

## 二五 隐抛 开光

### 隐 抛[*]

生就一双长手,扒窃本领高妙,
随便两指一夹,马上顺手牵羊,
恐怕遇见警察,屁股后面隐藏,
加入霉头触足,难道电筒灯光。
　　隐抛,就是将扒窃或偷到的东西,放在屁股后面,隐藏其起来之谓。

### 开 光[**]

毛巾叫做来子,洗面不妨开光,
菜馆酒醉饭饱,举手向人一扬,
触祭油腻满嘴,有点难看吃相,
茶房笑逐颜开,躬腰双手奉上。
　　寺庙中替菩萨装金,叫做开光,白相地界切口。用作"洗面",倒很切合呢。

---

[*] 载民国卅七年《海涛》。原为《白相地界术语图解》连载之第20期。
[**] 载民国卅七年《海涛》。原为《白相地界术语图解》连载之第23期。

亚凯/文　徐润/图

# 舞场俗语图解

　　全文连载刊发于《力报》(民国卅六年四月廿二日至七月九日)，共60期，计60篇上海话俗语文章。

　　20世纪30年代，一种新的娱乐形式风行海上，这种新的娱乐形式就是跳舞。于是各种舞场络绎开业，舞场渐成时尚场所，舞业特别是舞女更是成为社会关注的中心，有关舞场的"新语言"不断产生。

## 一　垃圾车　挂名拖车

**垃圾车**

垃圾由来最腻腥,如蝇附壳似油瓶;蟛蜞蟹老都不管,十七娃与七十龄。

舞场中称之为拖车者,即舞女之大令也!但拖车亦有等级,分门别类,达数十种之谱。

垃圾车,即拖车中之垃圾马车也,垃圾车者,拥有龙头必多,且不论好歹,只要能搭得着,无不来者不拒,多多益善。

唯能为垃圾车者,却非容易,必须囊中旺血,钞票麦克,否则纵使是飞机头小白脸,外强中干之流,亦无法做垃圾车之资格也。

**挂名拖车**

舞壳如蠕接龙头,衣衫吃用浑不愁;拖车挂名瘟第一,没个栈(叶平)道为君修!

做挂名拖车最不合算,所谓鞋子不着落个样,名义上说起来总是某某舞小姐的拖车,实际上却并未与龙头有过肌肤之亲,表面上看起来,龙拖之间的热络状态,似达沸点,实则骨子里却连汗毛管都没有碰着过一根。像这种拖车,就称之谓:"挂名拖车"。

## 二 玻璃拖车　行交行拖车

**玻璃拖车**

浑圆大腿里"尼隆",一段春光暗泄中;两挡玻璃穷起舞,麻衣债崩火山融!

自胜利以来,上海最时髦,最出风头,就是什么都用玻璃来号召,玻璃皮包,玻璃木梳,玻璃雨衣,以至于玻璃棺材——名目之多枚不胜举,所以拖车当然也得有"玻璃拖车"。

所谓玻璃拖车者,即是外强中干药水小开之类也,外表上卖相奇崭之至其一套行头:西装革履,耀眼金表,有几个照样还有四只轮盘滚,小开虽然是小开,经济权却全部操在城间佬手里,因此袋袋里却时常"瘪的生司",舞女拥有此项拖车者,亦即能摆摆架子,撑撑场面而已,并无其他用场可派也。

**行交行拖车**

禁脔满场照流霞,个心当此不允遮;可怜娇壳禁为此,凄绝世间断肠花!

在营业买卖中同行中交易,称之为"行交行"。白相人讲斤头碰着老朋友,也称为"行交行"。

凡是舞女的拖车,也服务于同一舞场者,舞场俗语就称他们"行交行拖车"。

舞小姐拥有这一类拖车者,大都阿桂姐占多数,尤其一般小舞场里,差不多从小郎起,直到老板经理为止,个个都有户头。

舞女拥有这一类拖车者,处处地方都受到拖车的监视,因此便不能在舞客面前做噱头,灌迷汤,贴面孔。由于这一点原因,腰业必一落千丈,大有"门可罗雀"之概矣!

## 三 | 旺血拖车 拜金拖车

**旺血拖车**

旺血拖车不易做，非大腹贾，暴发户，小开之流才能胜任。舞女如接到此类拖车，那真所谓是财运亨通了。

不但排日可尽量报效，就是龙头在物质上有□要求，都可以唯命自从，件件答应，样样照办。

例如，"新仙林"陈美芳的拖车朱鹏本为海上有名小开之一，不但每夜到场狂捧，而且又替陈姝购汽车，顶洋房，在陈姝身上花去大批钞票，但从不听声冤枉。尤如此类拖车，即可称他为"旺血拖车"。

**拜金拖车**

所谓"拜金拖车"者，只要龙头每天有钞票拿转来，关于龙头的行动，以及其他一切，是不加干涉的。

"拜金拖车"，亦可称他为"龙里拖车"，此类拖车，势必蛰居家园，足不出户在家老酒酌酌小马将搓搓，到也逍遥自在，但舞场里是连脚尖都从徜不进寸步的。

像这类拖车，自己毫无生产，而专靠龙头两只脚跳下来养家活口。

做这种拖车最没出息，男子汉大丈夫靠女人吃饭，侬看难为情勿难为情。

## 四　黄包车　大班拖车

### 黄包车

这里所说的"黄包车",非因舞跳得蹩脚而称他为"黄包车"也!

所谓"黄包车"者,从舞场开场起,一直到打烊为止,一直坐在舞场角落里,寸步不离,监视他龙头的行动。使之对方,无法可施,像这一类拖车,舞场俗语就称为"黄包车"。

凡是舞女拥有这一类拖车者,不是阿桂姐,便是一班"架子红星"。且其腰业必"门可罗雀"清淡得不堪言状也!

而且这种黄包车,大抵都是飞机其头,小管其裤,雪花膏其脸,邓禄普其皮,吃过一百二十瓶瘠去病,所以胃口奇佳。

### 大班拖车

舞场里的舞女大班,被人称之寄生虫之寄生虫,所以容易与舞女接近,"近水楼台先得月",实际与舞小姐的关系,较之一般客人更为接近,但大班们差不多个个都有龙头,例如"百乐门"的邱大班,"新仙林"的长脚阿唐,自己龙头亦都在同一舞场内伴舞,夫唱妇随,龙头做舞女的拖车们大班,拉台子,扎客人,均不须要求教训人,挽回利权丝毫都没有损失。

## 五　小郎拖车　四等车

### 小郎拖车

不要看不起跳舞场里穿白号衣小郎，虽然年纪都不满二十岁，可是他们却个个都有大令，大令者就是龙头也！

尤如"大东"舞厅，里面总共有五个小郎，可是一等到工作完毕，舞场打烊之后，照样西装革履，卖相之崭，几乎普通一般舞客，均难望其项背。

诚然说起这班小郎来，他们一月的收入极微，啥地方来空闲钱，穿这样挺刮的行头，却完全都是有这辈龙头代他们换季撑行头的。

### 四等车

火车分等级，有头等二等以至于四等，拖车当然也要分高低。

拖车中称之为四等车者，即是一般薪水阶级里中不富有之拖车也！

这一类车子，小舞场中最多，对龙头地界只能尽极微小的义务，而不能作浩大的捧场表演。

可是四等车和龙头的爱情却是非常的专一，处处地方且对龙头亦非常关心，并没有像"垃圾车"一般的来者不拒，宠过就甩的弊病。

## 六　氍毹拖车　老板拖车

**氍毹拖车**

无论来自北平，或者是海上的名角儿，都受一般大胆舞人所欢迎，例如目前周莉娟之钟情张椿华，许美玲已愿作纪玉良之妾，昔日王文兰之追求宋德珠以及张君秋等，都是显而易见的事实。

凡是货腰女郎，尤其舞海里的一班大胆舞人，一旦看中若辈台上人后，无勿不惜牺牲。热烈的追求着，且排日在台前捧场，媚眼乱飞，献作殷勤，非待达到目的，恕不甘休。

拖车中此类拖车最幸运，同时也最落胃，一切都可搭足架子，一面孔装作是艺术家。

**老板拖车**

老板拖车者，当然是指舞场老板啰！舞场老板搭舞女最易，相反舞女被老板搭上后，便是一面孔老板娘了！

目前几位老板，差不多十分之八九，他们的太太，都是舞女出身，如郑伟显之王玲玲，华佩兰郁克飞之任妹妹等，这却是明语言成的事实。

老板搭舞女亦较普通职员容易，其一，终究是老板迷眼，其二，处处地方又可使得对方便利，其三，钞票当然也比较"麦克"，所以舞场老板之做舞女拖车，可称为最便当的一桩事哩。

七 | 百宝箱　阿桂姐

**百宝箱**

　　舞女的皮包,堪称之为百宝箱,所藏之物,真所谓无奇不有,例如钞票,舞票,日记簿,通讯录,舞客卡片,胭脂,花粉,唇膏香水,烟,橡皮糖,以至于橡皮膏,药水香棉花,头痛粉,胃痛药片,消治龙,月经带等等,有几只皮包里,简直还有小人雨衣,以及防毒油膏,总之应有尽有,可以开一爿小型百货商店。

　　所以舞小姐的皮包,往往不肯轻易给舞客开启,考其原因,当然有不可思议之神密,随便让别人透露也!

◇舞小姐的百宝箱,极忌客人开启,因为舞海中,有这样一个忌讳,假如客人开了她皮夹,是会大吃"汤团"的,可是回得家去,拖车是有权大翻特翻的。

**阿桂姐**

　　舞女做阿桂姐最可怜,处处地方遭人欺侮,低视。

　　但每一个舞女,无不都是从阿桂姐而变作红星的。

　　尤其小舞场里的一班阿桂姐,说起她们境况来真是凄惨得不堪言状,往往吃夜饭只孵在马桶间咬罗宋面包,身上所穿的旗袍,着来着去也只有二三件的老古董。

　　可是做阿桂姐的千万不可有十三点作风,否则的话,竟一辈子的阿桂姐做下去唉!

舞场俗语图解 | 37

## 八 姆妈拖车　花龙头

**姆妈拖车**

拖车还有"姆妈拖车",真是奇特到极点。

所为姆妈拖车者,即是舞女的姆妈,每天钉牢黄包车,从开场起一直到打烊止,钉牢着寸步不离,管束得极严,使对方无法可施。

舞女中有上述情形者,过去有位服毒死之贺蝶,以及"大东"里的沈美红,目今有"仙乐"里的李玟,都是如此情形。

可是此类"姆妈拖车",对于舞客却认为非常讨厌矣,原因究属是有害无利的。

**花龙头**

有拖车,必有龙头,否则如火车,无头,难以行驶。

唯龙头花色凡多,也有老龙头,小龙头,米许林龙头,等等,种类之多,不胜枚举。

今日先谈花龙头,所谓花龙头,却全系喜新厌旧之水性杨花舞女所能胜任也。且专喜小白之流,尤其飞机头子码,更为彼等所欢迎。

例如"新仙林"小苹果爱煞烂香蕉小邹后,复又与洋场小傅打得火热,前者与后者,均为小白其脸,飞机其头。

同时小苹果之首任开道大会刘某,却也是"圣约翰"大学之著名搭壳圣手,所以舞女之欢喜飞机头者,皆称之谓"花龙头"也。

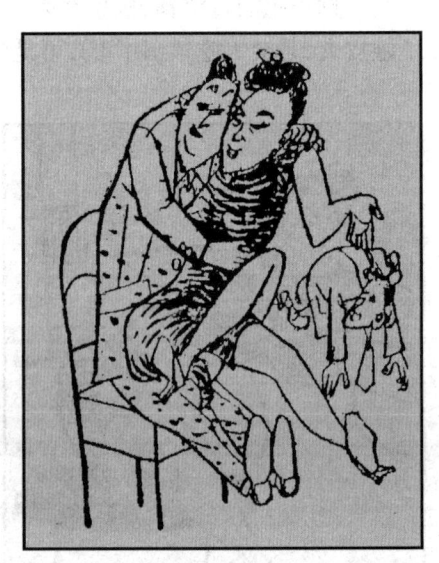

## 九 | 垃圾马车　舞女大班

### 垃圾马车

"垃圾马车",现在舞场中的舞女,十有八九都占有这个雅号。

一个舞女之红,就在裤带能松,裤带一松,势非人尽可夫。不过只要钞票来得爽,不论生张熟魏老幼美丑,一体兼收并蓄,照单全收。

这样一来,往往一个舞女拉了不少的拖车,所谓"装到篮里就是菜"而成了一个"垃圾马车"。

这些"垃圾马车"不论有钱的大富贾,以及拿工钿的小白者流,甚至舞女大班,各色人物像"垃圾桶"一样的乱杂而应有尽有。

### 舞女大班

专门管理舞女的管理员,称之谓舞女大班,从舞场创始起,舞场里就有这一个名谊,最早这一脚生意,收入之丰富,一般银行总经理,洋行大班,亦将望其项背。

可是到目前为止,不论什么人,只要认识三个或二个比较红一点的舞女,就可以胜任这大班职务了!

虽然自今春起,因此辈大班,过份苛刻舞女,当局接收舆论,下最大决心取缔此类寄生虫,可是名义上虽然取缔,实际还不是换汤不换药,换一个名称,名之谓舞场从业员而已。

## 一〇 冷台子　压轴台子

**冷台子**

冷台子，为舞客故意作弄舞女之举。同时舞女坐到这种冷台子者，往往窘态毕露，弄得啼笑皆非。

昔时，舞女坐位子时，舞客与舞女之间，稍不如意，便有这一种坐冷台子表演，舞女坐在舞客台上，置至不理，故意冷淡着她，使她难堪，可是到目前为止，这一种坐冷台子表演，已不见有表演了！

**压轴台子**

舞女在场子里，经年累月，自然有了热络户头，这些热络户头中，更有所谓已有肌肤之亲，与行将成熟之分，不管怎样，热络则一，舞女坐台子，自然先应付生客，东转西动，直到快要"拉司弹斯"之时，方才姗姗来迟，完成最后一台，这便是压轴台子，客人自然是热络户头，至于熟络户头为什么肯甘心情愿，如痴汉等老婆一样耐心呢，其中自然有原因，那便是打烊后双携出门，心照不宣去了。

## 一一 头只台子　捧场台子

### 头只台子

在跳舞场里，要坐舞女的第一只台子，是不很容易的。

因为坐第一只台子，惟有热络的熟客，才有资格。

而且坐第一只台子要约舞女出外吃点心，喝咖啡，跳通宵等，也占得了先下手为强的条件，容易得舞女的允应。

所以要在跳舞场里坐台女的第一只台子，是不容易的一桩事。

### 捧场台子

"捧场台子"就是一个舞女进场时，客人来捧场所坐的台子，不管这舞女坐十分钟也好，五分钟也好，甚至一分钟也好！都需购买大量的舞票。而且还有连台子也不坐，客人到来，买了巨额的舞票，就扬长而去，连闲语也不讲一句的。这种台子，就称之为"捧场台子"。

## 一二 救济台子 跑牌头

**救济台子**

阿桂舞女或起码红星恒以孵马桶间为苦,乃央诸于大班为之设法,大班在熟客地界,自说自话将牌头领到客人台上,好在豪客之用脱几铜,呒末关系,但此项台子市券必属阳春,然不无小补,较诸吃汤团好多矣。

若此种客人行交行有俗称曰:"善后救济总署",此即所谓救济台子也。

**跑牌头**

舞女大班每天早晨到舞女家里去跑跑,因为这时候舞女们大都没有出去,甚至还在拥衾高卧,那是请求舞女帮忙最好的时候,舞场俗语就称之为"跑牌头"。

如像几位红星家里每天总有无数大班作不速之客,因为不这样,难免为之捷足请去也。

## 一三　逃票台子　横堂舞票

**逃票台子**

舞客在舞场里，自然是献金而来，可是其中也有不少败类混迹其间，外表神气活现，实则袋里不名一文，可是照样架子摆足坐台子如仪，但结果还不是一溜了事，晦气的，当然是舞女，这种情形，在小型舞场，最多发现，至大舞厅有时也有，不过比较敛迹一些，这种人防不胜防，盖彼等道法高妙，今天此地，明日彼处，要捉落帽风，也是难乎其难也。

**横堂舞票**

大班在舞女地界，除了应得的扣头之外，还得异想天开去非法取求。这当然是揩油，譬如其舞客买给舞女舞券十万，但给舞女只五万，其余便私入腰包，盖舞女大率顾及颜面，明知其诈，亦不置究，故大班行之有素，俨然分内，积少成多，一月计算，也着实可观，但此种情形，仅是圈子里少数的败类所为，其余都不屑为此，盖如此，终是自取灭亡的。

## 一四 飞过海 场外交易

### 飞过海

舞场中之西崽,对"贴补"一项每多私扣而藏匿囊中者,此固俗语之所谓"揩油",更有胆大者,乃以"偷茶"售诸于客,客不知,遂以邻桌之皮尔权充之,甚且将一张"皮尔"派多次之用场,其所得茶资全落腰包,此中有术语,盖即所谓"飞过海"也。

西崽之揩油,实花样百出,不但是"飞过海"一种,同时尚有揩小账,以及"敲郎头"等等,总之,名目繁多,记不胜记也。

### 场外交易

舞女止于场中,赖舞券收入,实微乎其微,虽知名红星,亦复如是,遑论阿桂之流,故彼等大宗进益,厥为"现血",否则无以赡其家,豪客挥金如土,用意何在,不难洞悉,女既受惠,因以身相报,各得其所,相互泰然,此风古已有之,特于今尤烈,举行之处,或于旅次,或于舞人妆阁,地虽异性质则同,胥"场外交易也"。

## 一五　夹心饼干　拖车对碰

### 夹心饼干

舞客跳罢舞，授给一舞女舞票的时候，为讨好舞女起见，在舞票中夹了一叠现钞，这就叫"夹心饼干"，仿佛是沙利文出品的夹心饼干，总比普通好些，这种风气，战前的舞场中盛行一时，现在是没落了，代之而起的是"场外交易"。

给舞女"夹心饼干"的舞客，大都是派头奇小，因为他们舍不得多买舞票，于是就夹些现钞，这样一来，舞女可以实惠些，而我自己则可以省钞票了。

### 拖车对碰

"姐既爱俏"，欢场女子，自未能免，故泰半私底金有所昵，行中术语，谓之"龙头接拖"，盖喻其龙头与拖车紧凑接合也，掷金豪客虽明知其秘，顾事未目睹，亦惟眼不见为净，设有一日，彼此不期而值则相互尴尬之状，实非身受者所能形容，甚者老于声色之女，面首尤伙，因而演出全武行，亦比比皆是，渠等不自陨灭，殃及龙头，反趁势要挟，身为龙头者因感左右为难，势必留菁而脱"芜"焉，此即所谓"老牌龙头"也。

舞场俗语图解

## 一六 厕所风光 电话听筒

### 厕所风光

舞榭之女厕所,竟与外间有异,盖除女人为明正言顺外,而堂堂男子,亦朝内"钻发""钻发",如入鲍鱼之肆,久而不闻其臭,盖彼等膺堂皇之命,不引为耻,反洋洋自得,以为此中之秘,仅彼等专属也。

进出之辈,首为舞女大班,次为裁缝司务,再为卖丝袜者,其余有兜化妆品者,售衣料者,五花八门,不胜枚举,或有人问,此中风光究竟如何,兹概言一句,即光怪陆离,无奇不有是也。

### 电话听筒

舞牌之具十三点气息者,乃有"电话听筒"之称,阿桂之流或黄毛跳壳则尤较多,红星与老蟹则较诸少矣,"电话听筒"四字,含义十三,固非无稽杜撰,乃实有明证者,君不信可将电话听筒之耳机处一数,是否为一十三点。

## 一七　开条斧　龙拖脱轨

**开条斧**

利斧所至，脑浆立迸，以此喻欢场女人对付异性，大复如是，有别者，仅手腕高下而已，施而当者，收入垒垒，施而不当者，反令对方鄙耻，诚然，展游屐于舞榭者，类多醉翁之辈，然有"洋盘""老鬼"之分，前者，劈去无往不利，而后者，苟亦贸然下手，则势必越劈越僵，故老于此道者，研究有素，经验复丰，甚者，且能令被砍对象，木然无觉，其技之神，叹为绝止。

**龙拖脱轨**

舞女之热络客户有"车"之称，有拖车则必有"龙头"矣，龙头指舞女也，龙拖之间皆声色儿女，日久后必五感厌弃，胃口缺缺，彼此分道扬镳，各奔前程，亦俗之所谓拆姘头，在舞场则有俚语，即"龙拖脱轨"也。

舞场俗语图解　47

## 一八　搭洋琴鬼　文化舞女

**搭洋琴鬼**

舞人置身欢场,初确为稻粱谋,既获饱暖,淫欲乃生,掷金之客,显亦应酬一二,惟视为义务而已,于己或能未满所欲,因别辟幽境,另以洋琴鬼为对象,彼辈洋琴鬼泰半肤黝姿拙,然承恩固不在貌,虽仅一长之技,亦丰若有余,苟此鬼风仪稍俊朗者,则更为彼等追遂目的,譬之洛平,海立笙言,风流韵事,尤罄竹难书焉。

**文化舞女**

舞榭之中,时有自命不凡之舞人,仅一知半解,便洋洋自得,炫于人前,盖其皮箧中,往往贮书卷数册,一瞬便取而观之,人或误为其好学不倦,实则故卖风情,藉引旁观者瞩目耳。

苟拆穿内幕,渠等所阅者,胥为冯玉奇辈所著之长篇小说,以及摊头租来之连环图画也,尤有甚者,渠等坐位子时,亦持书孜孜致力,非至有客前来求舞时,绝不肯释,此种姐儿,傥亦所谓"文化舞女"欤!

一九　色霉大班　苦恼大班

**色霉大班**

有几个舞女大班,好像是色鬼投胎,看见了舞小姐,两只眼睛弹得好像要落下来,其色华氏三百度以上。

假使有个姿色漂亮些的红舞女,那这色霉大班更了不得,涎涎可以流得有三尺长。

有些舞女,还要特地引诱这般色霉大班,把他挑逗得霍霍动藉以笑乐。

例如"米高美"之某昆仲大班,他们其霉之色,更其不堪一言,凡是在其于做过的舞女,几乎十分之七八与他们肌肤之关的。

**苦恼大班**

做舞女大班而做到了要加上"苦恼"的头衔,苗头自然缺缺了。

苦恼大班,手挡里只有一百另一个舞女,往往坐到了舞客台子上就此算数,另外台子再也转不出了。

这时候的大班,真是苦不堪言,恨起来情愿饿死,再也不要吃这碗断命的"苦恼大班"饭了。

你看这位大班站在那里,愁眉苦脸,台子转不出,急得如此,何等"苦恼"呀!

## 二〇　拿工钿朋友　迷汤穷灌

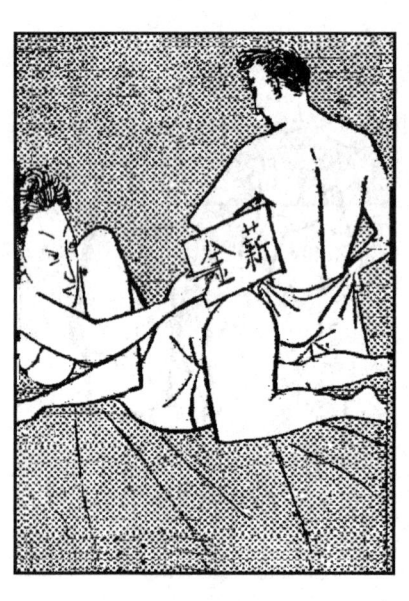

**拿工钿朋友**

跳舞场的舞客，种类有异，良莠不齐，更有所谓拿工钿之流，小白其脸，飞机其头，面上雪花穷涂，身上洋装毕挺，服侍女性，高人一等，彼辈之游欢场，非特不化费分文，抑且日进纷纷，诚然姐儿爱俏，未可厚非，但有一般其貌不扬之辈，亦居然飞扬跋扈，俨然不可一世，或有人曰，彼等因何能致异性之欢心？曰：无他"身胚结棍，实力雄厚耳"，君不闻，"承恩固不在貌"乎？苟有此绝技者，宜其无往而不利也。

**迷汤穷灌**

舞客以钞易跳，舞女以跳易钞，公平交易，各得其所，然有一般舞人，认此犹感未足，乃有"迷汤"之施，考"迷汤"自有妙用，唯须视当与不当，施之当者，能令对方魂魄飞散，身不由主，终则钞票大量出笼，施而不当者，非特对方不容，抑且认为"项不消"而退排，甚者贻"偷鸡不着反蚀米"之诮，故非对此研究有术者，辄不肯轻意乱施，老于风尘者，尤优为之。

## 二一　八月之花　吃洋盘

### 八月之花

八月里只有桂花,桂花虽香,可是容易凋谢,舞女称"八月之花"者,即是"阿桂姐"之别名也。

做舞女阿桂姐最可怜,不但被舞客们所轻视,就是同场小姊妹以及舞女大班,以至于小郎,西崽,马桶间阿姨,都看不起。

她们最痛苦的地方,就是一般舞女大班们竟不当她们人看待。

### 吃洋盘

游欢场的,不一定都是门槛奇精,"吃精码子"虽然多,可是相反的"洋盘"之流,也正不少呢!所谓洋盘者,便是初出茅庐,洋里洋腔,什么门槛也不懂,尤其在女人地界,更是鬼迷张天师,用钞票不知所云,这样一来,便成了舞女"掘金"的好目标,只消略施小技,便不怕他钞票不源源出笼,凶狠点的,甚至不惜用种卑鄙手段,照他全部沙蟹,杀他片甲不留,此种人用了钞票还要留下"糟兄""洋盘""屈死"等恶名,想想真是不值得,不过经过这个阶段,自然会"循序渐进"变成"老鬼"的,否则舞国里尽是其举甚老,一般只靠双脚跳的舞女,生路便日益缺缺了。

## 二二　隔壁大令　吃干醋

### 隔壁大令

舞女在跳舞场里,言本位,自然是"以跳易钞",说不上别的,然而一般舞女,却并不以此已属满足,例外的,花言巧语,将客人迷得死去活来,叫他付出"应纳之资"外,还得"额外输送",彼等不二法门,即为称客人为"大令",不管阿猫阿狗,甚至首次晤面,都好像"一见倾心"似的亲热异常,以冀扎牢这客人,但有些舞女的小姊妹淘,却因此与她所稔的接近,一接近之后,自然毛病立出,甚至彼此勾搭起来,而不让这舞女知道,论情形,亦是怪可怜的,因为总是"暗中偷摩"不敢"明目张胆",此中的术语,便是"隔壁大令",你不是看见这图画吗?这一男一女的勾当,你能

算他们"堂而皇之"吗?归根结底,"隔壁大令"这滋味,究竟是不大好受呢!

### 吃干醋

舞女与舞客间的关系,真是微妙得很,而且不可思议,这些婴宛,不惜以种种方式,来博得舞客的青睐,其实说穿了,主要的目的,还不是希冀舞客慷慨解囊,大量输金而已,而舞客呢,也是醉翁之意不在酒的占多数,既然送上门来,自然却之不恭,乐得享用一下,不过舞女不止做一个舞客,而舞客也不见得"爱情专一"而跳一个舞女,于是其间便发生许多"离奇古怪"的事,像"吃干醋",只是此中一例,何谓"吃干醋",譬如这舞客根本对她无甚特殊关系,只不过素识,或是过去跳过而已,今见自己有热络户头,便故意吃起无名醋来,藉此表示她对自己有意思,希望同她搭讪,或是她一向同自己的户头有难过,故意别苗头,也是常有的。

## 二三 阿桂姐　扎客人

**阿桂姐**

阿桂姐这名辞,不知系何人所创,顾名思义,当然是比喻这舞女像桂花一样,桂花虽香,香而不正,并且此花容易凋谢,大雅之士,是不屑一顾的,阿桂姐也是如此,故在舞场里也是聊备一格,素不为人所重,但阿桂姐并不是永远如此,假如时来运转,风际云会,终有一天也会飞黄腾达的,试看许多熠熠红星,差不多都是从阿桂出身,而渐渐崭露头角的,其间虽也有甫下海即"一鸣惊人",但那是少数中的少数,不足为奇,而且一般人又泰半欢喜接交红星,盖一样花钞票,一样得享受,自然红星高出多多,这样一来,红星生涯便越趋茂美,而阿桂之流便益乏人问津了。

**扎客人**

舞女要走红,第一,扎客人本事要大,假使一个客人来跳过这舞女一二次,这舞女还没有手段来扎住客人,那这个客人就势必至于要另外去跳别的舞女了。于是这舞女走红的希望就缺缺了。

扎客人的本领,不一定要面貌好,舞艺好,迷汤好,只要有噱头,合乎这客人的脾胃。于是这个生客也渐渐的变这舞女的熟客,于是客人就算被扎牢了。

一有扎客人的手腕,那即不难成为红星了,因为客人被扎,就伏伏贴贴的一任搬弄了。要长就长,要短就短,此乃舞国婴宛得意之秋也。

## 二四 吃得死脱　酥桃子

**吃得死脱**

舞女或者舞客,凡是老于欢场的,对付异性,总是迷汤穷灌,甚至不惜任何牺牲,来表明他或她是对你真心诚意的爱你,最近顶流行的一句辙儿,便是"吃得死脱"。

"吃得死脱"者,即爱煞是也,他或她,用了这句辙儿来灌足对方迷汤,然而时常挂在嘴边,当作口头禅,那就不足为奇了。

**酥桃子**

舞客善于猎艳,有手到擒来之妙,于是就有一句口头禅曰:"要搭只把壳子,桃子呒介酥","酥桃子"之俗语,即由此而来。

或舞女善松裤带,不论张三李四,只要坐过几只台子,跟到旅馆里去梦入巫山,无不"哑开"这种舞女,大有"谥"之为"酥桃子"之资格。

## 二五 架子红星　两面黄

#### 架子红星

舞女当中，自然有红有黑，红的自然人人赞美个个羡慕，但有一般舞女，生涯并不见如何佳妙，然而她却神气活现，像煞有介事，到了舞场里，自己毫无实力，完全依靠大班来替她拉台子，撑场面，不然的话，只好孵马桶间，大班们把她们请来了，只好自认晦气，与她们敷衍，像这种红星，便是所谓"架子红星"，一般豪客，都不屑一顾的。

#### 两面黄

舞女为了扎牢客人，以及表示热络起见，婆娑时，胥有一种例常的精彩镜头，那便是"贴面而舞"，在舞客方面，自然乐得收受，这样一来，跳起舞来更是百脉俱驰，飘然若仙，门槛精一点的，非但单贴，而且前贴后贴，甚至周身统贴，贴得你钞票源源出笼，瘪而后已，通常的贴，单面的占多数，至于舞女故意回过首来，以左颊相迎，往而复之，不绝于掉，这便是此中术语所谓"二面黄"。

## 二六 却八索 金牙签

### 却八索

马雀牌里有"八索",其形类似女人之某部分,故一般人均以"八索"之名代之。

昔时一般宝字辈舞女若与舞客欲圆高唐梦时,即谓之曰:"却八索"。

目前这"却八索"之俗语,已告废弃,而易名谓之"驶",名义虽殊但其实用固二而一也。

### 金牙签

男子玩弄女子,称仔为牙签,但牙签也分门别类,有玻璃牙签,铜牙签,银牙签,铁牙签,金牙签,竹牙签……等等不同。今日所说的"金牙签",为牙签中最吃价的一类,它的牙签全部以钞票所换取这名义的。

例如在舞场里,看中了甲舞女后,他便不惜牺牲非达到目的后永不放手,唯一俟达到目的,则弃之脑后,此一类人物,即称之为"金牙签"。

## 二七 当他吗也　装胡羊

**当他吗也**

　　声色场中的人,大率极少真情,所有的仅是戴着假面具,有般奸狡巨滑的舞女,对其衣食父母舞客,只知唯利是图,见钱"眼"开,转身不认人,而化钱的豪客,背后还要被她们骂曲死,有时,这客人存心邀她,她固然答应了,而结果仍是不履约,此中术语,便是所谓"当他吗也",就是说不把他放在心上。

**装胡羊**

　　舞女之中,不乏奸巧巨滑的,可是舞客呢!照样也有,事前用种种方式,不同噱头,及至达到目的,便回避三舍,做舞女的休想再捞得分文,由于木已成舟只好徒唤奈何,这当然因为她条斧开得不得其时,利钻攒得未臻其法,不能怪别人的,舞女既然对付舞客有这种技巧,而舞客自然照样仿而效之,一报还一报,此乃公平交易,不可谓厚此薄彼矣。

## 二八 条斧目录 白斩鸡

**条斧目录**

手腕高明之舞女,非但客人扎得牢,而且条斧开起来一五一十,钻戒啦,条子啦,甚至汽车洋房亦可以从一把大斧上劈下来,舞客之所以甘心愿项者,亦不外乎吃她的另有一功罢了。

有一个舞女开条斧的时候,甚至排定了目录,今天开坏某一个舞客,明天则轮到另一个客人了,开条斧而有目录,可知她的手腕高明到如何程度了。

**白斩鸡**

舞客中不乏风神俊朗之辈,此种人独多觊来艳福,舞人所谓何来,爱钞固份内事,特爱俏,亦男女之通例,舞人何独不然,况乎有钞阶级,多率老朽之流,与之缱绻,自鲜乐趣,故宁与小白之流为伍,至少有情欲并具之妙,虽乏继头,又何妨哉,此中术语,谓之吃"白斩鸡",盖不名一文,而大啖特啖者也,至用他种方法获得者,则非此属焉。

## 二九　送煤球　黄熟梅子卖青

**送煤球**

欢场之中,本多是非,而芸芸众生处此绮丽境中,自难免涉及男女之私,况欢场之本意,亦即寻欢作乐之场也,然滔滔舞海,兴风作浪,无时或已,因是争风吃醋,风流韵事,几至罄竹难书,男女间之接也,合也,类皆一时冲动,苟有小错,辄彼此詈骂,从前恩爱,尽付东流,而詈骂之词,又无不尖刻锐利,讽嘲谩讥,极尽能事,此中术语,便称"送煤球",盖即指触对方霉头也,"送煤球"系其谐声。

**黄熟梅子卖青**

舞女当中,有很多自命了不起的,年纪活了一大把,依然浓妆艳抹,对着人前,还拼命卖弄风骚,效学小女儿之态,诸君试闭目一想,这样一件宝货,还有胃口吗?但是她们并不就此藏拙,笑骂由人笑骂,好歹我自为之,刮不知耻,莫此为甚,譬如水果当中,梅子已经黄而又熟透了,却还要骗别人说,这还是生青的,你想好笑不好笑呢?还有一种淫姬荡娃,对于飞机小白,恨不得一口吞下并且不惜倒贴工钿,可是在花钱的大爷们前,作腔作势,一面孔青白,黄熟梅子还卖青哩!

舞场俗语图解

## 三〇 苗头缺缺 逗五逗六

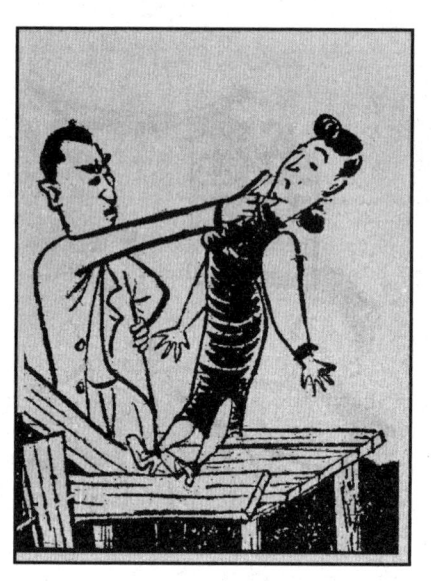

**苗头缺缺**

舞榭的女儿,端庄婉淑,安守本份的的确不在少数,可是尖刻刁钻,奸狭巨滑的,也是触目皆是,有些舞女,更是不成体统,动辄骄气凌人,自以红星架子,碰碰触人霉头,看人不起,眼高于顶,目空一切,实则西洋镜拆穿,无非虚张声势,故作惊人。

譬如某舞女要进场了,事前大吹大擂,像煞有介事,但到届期,风息全无,苗头缺缺,可是还照样神气活现,牛皮乱吹,这种人非但同业姊妹看不起,就是连舞客也是冷齿万分的。

**逗五逗六**

舞场本系高尚娱乐场所,惟近来每况愈下,一般飞机子码一本正经白相舞场面孔,并且自以为不可一世,于是逗五逗六,好像苍蝇摘脱头一样,真是一派抖乱作风。

还有一种舞客,是暴发户头,因为他从来没有上过大场面,靠着暴发的臭钱,于是在舞场里装模作样!自认一落大派,可是在旁人的眼中,真是无有不表示对之冷齿者。

尤金/文　佩卿/图

# 舞场术语图解

　　全文连载刊发于《吉报》（民国卅年四月一日至五月卅一日），共59期，计59篇上海话俗语文章。

　　民国海上一种新的娱乐形式渐渐风行，这就是跳舞，数不胜数的舞场陆续开业，舞女接踵下海，并日渐成为媒体报道与社会关注中心。关于舞场的典故、方言、俗语如雨后春笋般出现，引发各界关注。

## 一 阿桂姐

桂花，本是八月的名花。

呈金黄色，香得邪邪气。但桂花何其薄命，在上海人嘴里，提到"桂花"，便是讥笑的口气。往往奚落人家蹩脚，或是推板，就赠予"桂花"二字。

相传"桂花"正是"贵货"的谐音，发源于一个江北大亨嘴里，以贵货代表贱货，是一种反话。

逛舞场，常听见许多舞客对舞女下批评："嘎唷唷！迭位阿姐桂得来"。简称之，即桂花阿姐是也。

由桂花阿姐而蜕变为"阿桂姐"，名之由来，便是这样。

大凡舞女芳名，力避"桂"字，桂长桂短，总归勿灵。

阿桂姐厥状至惨，翻口桂、毛刷桂、曲里曲搭、桂里桂气。有龙头而无人接，要扎拖车车不来，徘徊于火山阴面，长坐在桂花椅上，噱头全无，罩势划白，其拿手好戏，惟有吃吃"桂花"汤团，拿拿"单洋"舞票，呜呼，伤哉！

## 二 单洋客人

孔丘曰：食色性也。

跳舞虽云交际，其实爱舞朋友，为跳舞而跳舞，极少。为女人而搂抱，尽一时之欢者，倒是邪气！

在舞场中，舞客心理，难画难描，有看中了舞女，存心挂为拖车。输血报效，千金一掷而无吝色，亦有搅客舞票，非跳个双脚酸软，本利翻身而不休。

挥金如土，类皆瘟生，以票易舞，倒是淘兄。若夫"一元斋主"，在舞女嘴巴里，就统称为之"单洋客人"。

单洋，谐音"丹阳"，有舞女娇声娇气向舞客道："先生阿是丹阳来"？此句刻划甚深，妙透妙透！

"混大拉"，英文"一只 洋"的译音，与"单洋"异曲同工。故一般舞女听见"混大拉"三字，同样头痛不止。盖碰着"单洋客人"，简直触伊眉头。

单洋客人与阿桂姐特别有缘，一夜数易其人，也算慨惠仁浆。总之，若辈都是刮尽刮绝，刮家门里出来的英雄好汉。

## 三 吃汤团

"汤团人人喜欢吃,惟有舞女横点头"。

在舞场里,"吃汤团"这句话,上自大板经理,下到马桶间阿姨,都知道是舞娘的忌语。此名之由来,盖以汤团形状,滴溜滚圆,足以来代表阿拉伯数目字中的"0"字故也。

其实天下之大,何圆不有?如太阳,如月亮,提倡者为啥勿借假这些呢?这也不无理由的。简单地说,汤团有汤,汤汤水水,"汤团舞女"多酸泪,喻言阿桂姐的眼泪水,惟此为妙。

"汤团"兴起码舞女,互缔良缘,阿姐触起霉头来,一交翻在汤锅里,便大吃而特吃之。

论味道,汤团的确很妙,鲜肉豆沙,芝麻枣泥,以此餐客,有啥勿好!但吃性奇凶之红舞女,虽然上吃下吃,或遇舞客请她吃点心,偏偏汤团不敢一吃,盖怕客人当面讥笑也。

故在一般舞女心目中,汤团汤团,纵有一碗味美的"福源斋"桂花汤团,还不如吃几块"王大吉"的老牌臭豆腐干。

## 四 拆字滩

"二字一角,能断吉凶"!

上海每条马路上,拆字先生,多如流星;勿说虚话,触目皆是。

凡文人斗不过命运,被环境迫到"勘察加",便用出这记"看家本领",浪荡江湖,拆字营生。若辈虽不能媲美诸葛刘基,却也是娘姨大姐们的大众书记。至若几位"拆界"上流,上门问津,小事一元,号金加一,细谈终身,详批命书:如遇贵命,竹杠滥敲,三百五百,有啥希奇!

拆字先生们,类多浪漫主义,板台一张,文房四宝,此先生之一家一当也。今日西,明天东,寄迹街头,到处为家。

但舞场之中,亦有人敛迹其间,谓之"摆拆字滩",奇哉!

其实,上舞场摆拆字滩者,无非是醉心于舞,先来赏光一番。所以也可称之曰"实践主义"者。往往默坐池畔,一勿开口,二勿放屁,清茶喝喝,香烟吸吸,舞女瞄瞄,音乐听听,算是"小落惠"也。

那些"摆拆字滩"的人,不是乡下初到上海的观光者,便是没有对挡户头之"老辈"。即使要下池去跳,恐怕还是"单洋客人"。

## 五 黄包车

黄包车,是人拖人的一种交通工具。

北平人叫"洋车",在天津叫做"胶皮","黄包车"是上海人的称呼:"喂喂,去哦去哦?王家沙"?

但舞圈中人所谓"黄包车",是指的三脚猫朋友也,所学之舞尚未精娴,此时仅在大胆尝试,所以完全是"老爷色气"的。

舞女之与"黄包车",当面虽然奉顺,背转身来,闲话多得交交关,或骂"曲死",或呼"死狗",悉听她便。

而且黄包车朋友,随时有"撑伞""倔强"可能,耸发耸发,阿要好看。

往往舞女一拖上手,"撬照会"又在所难免,勿是踢脚,便是绊手,最可恨的,譬如夏天里蛮好一双白鹿皮鞋,为之一脚,伤透伤透!

舞女怕拖黄包车,还有一层道理,盖车子既笨又重,拖勒手浪,有碍观瞻。而且车胎十九又是老牌"邓禄普",跳起来一支勿罢,四支勿休的。

嘎唷唷!阿姊真要吃饱点人参,精神百倍,才能够搭伊周旋到底呢。

## 六 开 水

舞场定章,凡是舞客入场,只要屁股在椅子上罢停,顶起码,仆哀便送来清茶一客,或是开水一杯。等一歇"皮而"开来,照账付钱,诸亲好友,概不拖欠。

这是营业规矩,是千篇一律的事。此项开水的代价,大小不等,大舞厅洋来洋去,小舞场几只角子,所以高低不一,相差甚远!

但舞女身边,同样也随带"开水",以向舞客,客或兴致勃然,与其热络,只要袋里麦客,便有一尝雅味的资格。

这种"开水",富有刺激,当起舞的时候,嘴巴一厥:"卜——吱",便可喝上一杯,要是心想再来,如法泡制,还可"卜吱"一杯。

尝闻红舞女一杯开水,属于瘟生糟兄之流,这代价便相当可观。若夫桂家阿姐,门可罗雀,勿要说奉送开水,就是倒贴大菜,亦有许多客人,惹伊,摇摇头,撇撇开,搭足架子:"阿拉勿高兴也"。

## 七 老 开

上海人有道是"十三点"者,即痴头怪脑也。因为"痴"字适巧十三笔,故以此名之。

凡被称"十三点"朋友,不论男男女女,大高而不妙。说话勿是瞎七搭八,扳定搅七廿三。举动勿另勿头,腔调贼骨牵牵,一张面孔,十八个画师,画他勿像。

"老开",舞场流行语也。开即K,"老K"在扑克牌中,排行十三,是故代表十三点,也交关配对。

老开的代名词很多,有人亦叫他做"幺五幺六","电话听筒"。

老开舞女,神经质特奇,痴货也。腰带奇松,一碰就成,侬要那能,还侬蛮灵。所以

有车必拖,算起拖车来,可从静安寺到黄浦滩,一字长蛇,邪气好看哩!

但也有时候,红星阿姐,佯作"老开",半痴半醉。假捏运气,用这一功来避免舞客碰她。瘟生舞客,或被难倒,这叫做老开偷"车"(鸡),车者,拖车也。

然而有些舞女,要想扮老开,偏偏勿像腔,碰得勿得法,"老开失撇",告诉天去?

## 八 洋琴鬼

洋琴鬼,指的是碧眼黄发之乐师们,来路货也。

白西洋乐队演出于舞厅后,因洋人前有"鬼子"之称,所以一干二脆,便叫他们做洋琴鬼。

时来洋琴鬼几流行于全沪舞市,彼等种气,多"花交"货,故有个巴华语甚佳,但未必中国通也。

洋琴鬼洋来洋去,倒底不凡。舞场营业,若辈亦大有讲究。遇生意兴隆时,乐师甩头甩脑,宛如春风杨柳,但顶顶起劲时候,他们这副吞头也像解好后,放在"腰上"乱抖之状。倘或生意清淡,则他们敲点家生,赛过勿曾吃饱,俫屁俫屁,死猫叹气。

渡重洋而来,彼等醉心华女,故舞国之中,时有风流事件制造出来。原来洋琴鬼中多小白,翻司佳,行头挺,嚎头不能谓之勿灵,所以摘个巴舞女,一帖药,舞女亦乐于包销洋货,唉司亚开,来吧来吧。盖洋琴鬼者,大"器"也!

## 九　小放牛

京剧有"小放牛"者,昔年为小翠花看家戏,今日,则是荀慧生马富禄的代表作。当代伶人,无出其右。

但舞场谚语中,也有"小放牛"一句。此之所谓"牛"者,黄牛也。

"黄牛"呒没肩架,上海人知之,以此而引为形容字眼。舞场之中,有些舞客往往嘴上说得蛮弹硬,临到完结,也就有意勿摆勒心浪,臊那,当伊呒介事。"小放牛"一语,在此便通行了。

舞女阿姐们也有小放牛的,当初辰光,答应得蛮好,吃饭,看戏,一淘房间里去,着末也竟把他放在南洋大海,死人勿关。如此情形,比比皆是。

小放牛之因,无非二种。一种根本敷衍敷衍,空口说白话,说过忘记,第二是身上"搁血",毫无生路,只得来上一次"小放牛"了。舞客尝过苦头,依心满足,认得俫!不过咬文嚼字讲起来,"小放牛",被放者是属于牛。乖乖,牛是畜牲,四只脚,啥人高兴!

舞场术语图解 | 71

## 一〇 牙 签

茶室酒馆,备有牙签,给主顾们餐后剔牙,剔过,血淋带滴,笃脱算数。

谁也晓得舞女在欧西,被目为交际和艺术圈里的人们,中国自有舞场以来,不幸跳舞被人曲解,因而舞女洁身者甚少,十九货腰而外,还供舞客们开心。是故,男性上舞场去,跳翁之意并不在舞,而在色。

凡舞客专一于舞女,输血报效总归勿是好路道。稔之,勾之,得之,丢之,此种舞客,"牙签主义"也。

舞女最怕牙签,盖牙签们十九薄情郎之流亚,无恩无义,一丢头,曷不叫人活气煞!

牙签也者,类皆百好主义。上去辰光,叫花子吃死蟹,只只好,但食其肉而弃其壳,正如同牙签剔过,送它到痰盂罐沕浴去一样。

牙签装璜甚佳,白其翻司,挺其行头,派头果然一落,其实,却是"小吊码子"也。舞娘阿姐,切宜慎之。

## 一一 走 汽

汽球走汽,如同撒屁。

"屁"的一响,出脱一包汽,球即像一只出汤面筋,立刻从天空堕下,此乃"走汽"之最后命运。

跳舞场中,有一批舞客,表面上一看俨如有血阶级大少爷,卖相蛮好,前来交易,喝了清茶之外,天吃星高照,穷吃滥吃;还勿管它三七廿一,还搂了舞女,七跳八跳,这样吃好跳好,晏歇会,溜出舞场,扬长逸去。此种"小鬼",场中人名之曰"走汽"。

"走汽"朋友,小抖乱之流也。身边虽然"必的",舞瘾倒是极大,前来揩油一番。油水揩足,沓然出松,派头之小,舍此莫属。

舞女以腰腿货金,有客跳舞而勿搅落舞票,走汽出松,如何不叫她们恨如切骨。但仆哀们被走汽朋友白吃一顿,大吃赔账,阿要气数,阿要作孽?

走汽,难板趟巴也,如常常这样做,一旦被执,台型就下得划白精光无疑。

既然袋袋里"搁血",也就不必出来害人了,在小客栈里孵孵豆芽,等豆芽出了窠再派窜头不迟,他们偏不肯这样,一定要害仆欧吃赔账,良心与现在煤球厂老板一样了。

舞场术语图解

## 一二 雨夹雪

雨夹雪,本是自然现象,冬季里常见之事,呒啥希奇。然而舞场里向"雨夹雪",似乎是不同凡响的。

舞女货舞以腰腿,舞客易舞以舞票,乃正理也。孰知舞票之中,可夹法币若干,双料孝敬,此即所谓"雨夹雪"者。

某些舞客单档跑舞场,路道缺乏,只得下池择女而跳之。户头既开,但存心要与她热络一番,下"雨"之时大可下"雪"一场,以为暗示,此法屡试屡灵,无不奏效。

"雨夹雪"亦称"夹心",当一舞客夹心吃饱,看你噱头勿错,定能报效"迷汤"几碗,"开水"若干,大家有数目,或竟从此心心相印也。

下雪,也有"大雪",也有"小雪",大雪一场,百来百去勿希奇,小雪十番廿番,于女亦不无小补。盖报效舞女以舞票,欲与场中分拆,飨以夹心,则钱钱入囊,性性实惠也。

但下雪时,苗头也要轧准,假使糖里糟气,碰着老举阿姐装胡羊,一场雪就顿时化之为水,岂非伤哉?

# 一三 龙 头

古本云:"神龙见首不见尾"。神龙之首,即龙头,罕见之物也。而在舞场之中,却独多龙头,头千头百,抓一把来拣拣。不过此龙头不比那龙头,舞场"龙头",所指的正是那些有"拖车"的舞女们。

拖车呼其对象为"龙头",无不恰到妙处。对,凡列大车,必由龙头驾驭,拖车才得随之于后。这正如舞客对其龙头说:"蛮好,随便啥地方,阿拉总管跟侬跑"。

"龙头"之与"拖车",二位一体,阴阳调和,遇"车"与"头"挽臂而行,不啻机械化部队出发长征,刮刮叫利器也!

舞场"龙头",可分几等几样,有些龙头,坚牢异常,但也有"老爷龙头",一碰抛锚,二碰出轨,拖车挂在屁股后面,随时有倾覆之虞。

若"龙头"二字将舞女作动物解,则可喻她们为"苍龙",供人搂舞之时,赛过大掉龙灯,甩其臂,摆其腰,龙头动发动发,扳定要装出十八般姿势,登天入地,上下翻腾,才叫舞客舞勒手浪窝到心里。

## 一四 拖 车

跳舞,男女搂抱的玩意儿,舞时,一若小三子拖车,故自舞场有史以来,"拖车"这二个字,即流行舞厅,大家晓得。

火山舞女,后有龙头之称,龙头须挂上拖车方为吃价,是故"拖车"这名字,今已变成舞女们"面首"之别号,凡一度和龙头热络过的,概称"拖车"。

"拖车"种类不一,体格魁梧者,坦克车也,牌头扎硬者,可称装甲车,行头挺刮,好比殡仪馆出来装棺材的花车,歇斯的里朋友,则是垃圾马车,此外,火车电车卡车塌车,或亦有之。

车而不拖就要锈,职是之故,"拖车"们就抱定活动主义,夜必周旋于舞场之中。随龙头天天拖夜夜拖非拖得神昏颠倒而不休。一个龙头,可挂拖车若干,但拖车一辆,顶好避免双龙头,以防体解之时,抢勿平匀打开头。

拖车随龙头而跑,上行车也。反之,如果龙头被拖车所操纵,便变成下行车,这也可以叫做开倒车。

## 一五 亚尔曼

舞风来自欧美,跳舞,洋派娱乐之一也,是故舞场之中,多洋泾浜闲话。

"亚尔曼",英语老年人。以年龄推之,当在六十开外。然而舞场舞女,眼界特殊,有舞客年逾四十,老气横秋,便硬指谓之"亚尔曼"。

"舞场大门开,有钱即可来"。钞票万能,故花甲之叟,只要有劲,高兴搅落点铜钿,抱抱大姑娘,上舞场,便是最好之道。

秃顶老叟之习狐步探戈,不后于人,因此火山上,常见"亚尔曼"们老兴勃然,搂女而舞,效法王道士捉妖,赛过小三子推车,进进退退,其味无穷,但"亚尔曼"毕竟吃亏,门坎精做精,年青舞娘辄予"瘟生"看待,灌点迷汤捞点铜钿。意外之事,谈也勿要谈起,盖谚言中有"人老不值钱"一句,诚然,"亚尔曼"如何可与"小白脸"比!

"亚尔曼"配匹"老旦",故徐娘十分迁就,愿挂为"拖车",论"亚尔曼"之舞艺,十九因年纪到把,舞勒手浪,行尸走肉,等于抱块"寿板",盖精力有限,只能随便跳跳。若夫快步之舞,简直性命交关,卜通一交,啥人负责?

## 一六 迷 汤

跳舞,是所谓交际之道也。其实舞之味,无非是男女之间的摩擦,搂搂跳跳,窝心窝心。

易舞之媒介物,舞客当然搅落钞票,舞女则授予色相,灌以"迷汤",而无其他。

舞女走红的三要素,一脸,二舞,三迷汤。"迷汤"虽列名第三,却也是不可缺少,如果迷汤毫无,阿有啥个味道?

洋盘舞客,视"迷汤"为爱物,虽有山珍海味,不如"迷汤"一杯。因此,货腰女郎之鬻舞,除专心学成舞艺之外,"迷汤"一门,也得用点功夫!

时来,舞女绰号之称"小迷汤"者,更加多起来,可见千穿万穿,迷汤勿穿。

"迷汤"之灌输,十九在舞客混淘淘时候,这记功夫下去,顿时叫他见"血",如能买一送一,附赠"媚眼"若干,见效更速。

迷汤着重于嗲,嗲得勿能再嗲,以越嗲越好。打情骂俏,也是"迷汤"之一法。"小赤老!我牵记俉得来"。盖舞客经此一来,阿有啥骨头勿为之酥软!

## 一七　广告舞

舞女之"红"与"桂",本有天壤之别。

凡红舞娘夜临舞场,坐甫定,群蚁附毡,即有客人为之购舞,从此应付不暇,自有一番风头。但冷板凳上阿姐,坐得屁股痛,腰骨酸,久而乏人问津,自觉也有点难以为情,只得招呼她的同病者:"小妹!阿拉搭侬跳脱几只"。就这样,二女才得搂舞于池中,卖洋三千。

见二舞女之搂跳,促狭朋友即以俏皮语气赐呼之曰"广告舞",亦挖空心思才想得出来的。

舞,虽不跟电流相似,异性相吸,同性相排,然而同性之舞,毕竟毫无罩势。

"广告舞",多半是阿桂姐的开场戏,抱抱跳跳,做做广告,藉以拉点生意,至若红星们虽有时也高兴同性搂舞,不过宗旨不同,在她们,正像足球比赛辰光球员似的,练练脚头而已。

阿桂姐互作"广告舞"时,必然笑声狼藉,娇劲十足,有时故意偎得更紧,胸碰胸,腿搅腿,如镜子之相磨,惹得旁观舞客,盍兴乎来,此则来得正好,配伊胃口矣!

## 一八 老 旦

"人老珠黄不值钱"!

伴舞,本来是碗少年饭,女子在年青时代,只要姿色艳丽,一经粉饰进舞场货腰,纵不能成为红星,也得利市十倍,营业鼎盛的。

但一上年纪,爬过"卅"大关,风头便过,如花之凋谢,佳人迟暮,可以下野矣!

少女自十六至二十,乃曰"小旦",廿至廿五,谓之"花旦",惟花旦时期,最得客人拥护,但至"三十"光景,即称"老旦",夜夜上火山,只好唱唱"滑油山"。

老旦亦曰"过期票子",被人丢得老远。"蟹",也是"老旦"代名词,此乃一体三位,异曲同工,总之舞女沦为"老旦",就勿勒风头浪也。

"老旦"之舞业,除非噱头超人,十九惨淡经营。"小白"绝少光顾于她,只有"亚尔曼"为之效忠,还肯搅落点钞票。

"老旦"遇亚尔曼买票带出,携手双双,极尽妩媚。这一幕,大可与京剧中"天雷报"媲美呢!

## 一九 掼纱帽

处世之道，千篇一律，一个人到了鸿运高照，红极红极，便气趾高气扬。舞女，虽区区也，但这种脾气，也不例外。

舞女一走红，十九搭足臭架子，举动神气活现，俨然不可一世似的。这种舞女，一碰摆架子，两碰扳俏价，中途纱帽一掼，阿拉勿高兴了。

"掼纱帽"这句术语，很有些古典气派。京班戏中，譬如"包龙图"，"萧何"之流，大才也，他们心里光火起来，便用这记手段，——"掼纱帽"。

凡舞场当局倚为台柱的红舞女们，三日两头以"掼纱帽"为要挟，必然要叫舞女大班服贴领盆，摆出笑脸来对她一把奉顺，这才开心。

帽纱，仕官之冠也，舞女们"掼纱帽"，实际却无纱帽可掼，顶好称之为"掼高跟鞋"，妙极。

若夫阿桂姐辈，无此要挟，盖舞场当局不将她放在心上，做与勿做随随便便，所以不但"掼纱帽"，即是掼皮包，掼高跟鞋，亦当她呒介事也。

## 二〇 席梦思

舞之名,多得紧,曰探戈,曰狐步,华尔兹,福克斯,勃罗司,但是也有"席梦思"也。

"席梦思",有"第四种舞"之称,亦名"八脚舞",惟此舞不流行于舞池,盛行之地,跑马厅一带摩天大洋房里。

舞客邂逅舞女于场中,搂之跳之,女为宾,客为主,宾主之交,以钞易舞,这是俗例。

舞女鹫舞,十九讨好舞客,逗客欢心,客乐之,钞票呒啥希奇,自会飞一般的下来。若夫久而盘垣,既稔且熟,心里有数目,便有一舞"席梦思"的动机。此时也,大家一声"亚开",行矣。

就这样,"席梦思"便见普通了。尤其"龙头""拖车"之间,视为常事。

"席梦思"富有戟刺"喔妈妈","满场飞",且舞且唱,所遗憾者,倒是无音乐伴奏,如能邀得"海立笙""唐乔司"帮忙,伴奏一番,则有声有色矣!

## 二一 干血痨

"饭可以一顿勿吃,舞不能一夜勿跳"!

嗜舞朋友,抱如此宗旨者,大不乏人。跳舞虽不是抽大烟,但迷恋火山的人们,舞瘾竟有甚于烟瘾者。

不跳舞,脚痒。古人闻鸡而起舞,今人则听见钢琴梵亚铃声而婆娑,舞之刺激如此。故嗜舞者,日必设法使其"血旺",然后可以入场买舞,要啥是啥。

血,上海人称"钱"的代名词。钱财充足曰"血旺",必的生司曰"搁血"。后者舞海中人也就名之为"干血痨"。

"干血痨",顶难熬。想去捧舞女,心有余而力不足。这还不算,最伤透者,遇舞女一记条斧开过来,如何弄法?

舞场里,贫血症的患者,类皆精神颓伤,开出口来也勿响亮,舞女白眼,在所难免,非至转弱为强,方得扬眉吐气。

"干血痨"补救法的三部曲:为"挨血""输血"与"别血"。血到身上,马上有劲,屁股一拍,又可平步登天矣!

## 二二 邱六乔

上海人说"坏",谓之"邱",如"邱货""邱路角"等等,这些名词,几乎老少皆知。但专指行为恶劣的人们,就以"邱六乔"名之。

"邱六乔",珍珠塔中之一配角,那家伙强盗胚也。当方卿姑爷落难时,他辣手辣脚,攫其价值连城之珠塔。于是闯下穷祸,此公之心,与煤球比,决无逊色之理。

"邱六乔"简称"六乔",是为缩头韵,将一个"邱"字隐于其间。但所指者,决非个个强盗胚,凡"抖乱""拆梢",均属六乔。

舞场之中,亦有"邱六乔"敛迹,若辈专靠舞女舞客吃饭,平时活像饿猫寻食,到处攒路,遇有斤头可讲,台子好拉,不问舞客舞女,郎小阿姨,他当即挺身而出,胸脯一拍:"勿要摆勒心浪,来!阿拉搭侬叫开。""是乃六乔本色"也。

时来,舞女有畏事者流,恒以"邱六乔"为护身之符,嗲里里叫声过房爷,有牌头可戳,闯点事体,闲话一句。

但也有时候,"邱六乔"勿发甲,变作煨灶之猫,此时也,丢勒旁边,摆得远点!

## 二三 象牙肥皂

跑跑舞场客人，手面大有高低。有一批纯粹为舞而来，搅落点钞票，毫吭吝色。但也有一批门槛过精，自命老举，若辈钞票好比缝勒袋袋浪，除购舞而外，抱定勿破钞主义，此种朋友，舞女们概称之曰"象牙肥皂"。

象牙，贵属器皿原料之一，色黄透明，颇坚固。但用象牙来雕成肥皂型，这块肥皂卖相虽然好得不能再好，却派勿来一点用场矣。

"断命客人，卖相好来些，介拘臂倒抓"。……"象牙肥皂"的含义，即在于此。

舞女接着"象牙肥皂"，楣头先触十年。盖"象牙肥皂"外表活像名件货，但要想刮他一点，勿是生意经也。

小白脸者流，番司蛮灵，但多半"象牙肥皂"，勒煞不堪。反不如亚尔曼，黄包车，倒是"固本""祥茂"。至于那些"瘟生""曲死"，袋里麦喀，又肯搅落，比喻起来，他们大可比作"棕榄香皂"呢。

## 二四　描　花

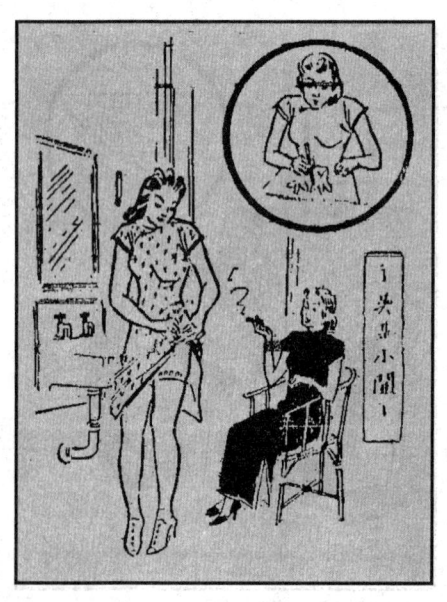

舞厅本为欢乐场,男主顾们的踏进舞厅,刮辣松跪讲一句,无非为了找刺激。既为刺激而来,何妨大胆交际。尝闻舞客之欲追求舞娘者,貌为本,血为表,报效固亦为第一,但除此以外,尚有一法甚佳,即"描花"是也。

"描花"者,舞客醉心于某舞娘,而尚不敢毛遂自荐,一诉衷肠,此时也,可以恳之念者,转托邻座姊妹,或烦拉门小郎,或请马桶间阿姨,致意某娘。闲话里向,吹脱几声此乃所谓"描花"。

描花本为女红之一,闺阁名媛之杰作也。但是舞场中描花,让还马桶间阿姨,顶顶擅长。一张嘴,二爿皮,嘀哩咕噜,"描"头势十足,一经鼎力吹嘘,不无玉成其事。

"描花"辰光,尽管鼓动生"花"妙舌,牡丹"花",白兰"花",锦上添"花",说得天"花"乱坠,但求女心飘然,则灵光矣!"描花"既毕,有功,便得赏,一五一十,亦为阿姨之一笔外快也。

## 二五 坐台子

当舞女,做红星,真是一件乐事。有月入数千累万者,简直比做县官为佳。她们之收入如此丰富,所靠的,全是阔绰舞客,一掷千金,啥吭希奇。

舞客报效舞女,明叫明亮,召"坐台子"是也。坐一次台子,几十几百送过去,也算是一点孝敬。

坐台子,掠美之顶好办法。可惜有点"包身工"派头。舞女为客召坐之后,客即有权摆布她,要那能便那能。在舞女,亦不得不强颜欢笑,为了看在几张钞票面上。

"坐台子",目下最流行于舞场,台柱红星,一夜坐个十七八只,亦是可能。舞客之召舞女坐台,盖不外两种心理:其一,固存心大帮其忙,博女一笑,第二却是扎扎台型。尤其遇舞女为二客争舞时,夺勿均匀,即召之坐台,捷足先得者:"哼!阿拉有的是钱,坐啦,看伊阿有还价"!

舞客互相斗气,舞女却是袋袋实惠,落得落字,真幸运呢!

乡下人听了,以为人坐在台子上,那就成为笑话了。最红的舞女,每晚要坐二三十只台子,几乎屁股上坐出老茧来。

## 二六 曲 死

跳舞场里，五光十色，各种各样的人物都有。洋盘瘟生，淘兄相夫，搁落山姆完全。其中有批洋来勿识相者，一般人呼之为"寿头""阿木林"，亦即"曲死"是也。

"曲死"，多半刚来火山者，尚不知舞场规矩何如，所以举动方面，完全是七勿搭八，贼骨牵牵的。

红星之流，见"曲死"而远避之。惟恐手浪拖上"曲死"，连入讽嘲，台型下作，因此少与搭讪也。

但也有一批舞女，甘愿与"曲死"相交，盖闻"曲死"适与"老举"相反，门槛既勿精，挖儿亦勿透，活像胡羊一头，随舞女牵之而走。

"曲死"亦称"阿曲"，曲搭搭，寿希希，一举一动怪耐人寻味的，舞场小郎仆哀，因此经常以"曲死"为吃血对象。舞女那更不必说起，灌些迷汤，开上一笔条斧去，据说无不得心应手的。

但是"曲死"善变。跑舞场历史既久，门槛越学越精，亦会变成"老举"的。是故自命"老举"者，勿必嘲笑"曲死"之程度稚浅也。

## 二七 贴

贴,这一个字,似乎为用甚广。

一般说起来,作为"动词"解者,有"贴水""贴召租""贴膏药",而作为"形容词"解,则有"倒贴""贴拼头""贴胡佬"等等,盖各有各的解释呢。

至于在舞场之中,所谓"贴"者,横贴竖贴,不外乎"贴番司"和"贴小白"二种是也。

"贴番司",舞女之看家本领也。每一舞女,为要讨好舞客起见,在几度跳过之后,只要苗头轧准,再跳时,便可以用出这副技巧,去抓住舞客的心灵。

"贴番司",熟络也。凡舞客一经粉嫩的异性脸儿贴过,依心满足,有钞即肯破了!夹心送过去,坐只巴台子,买票带出趟巴,是无不心服情愿的。

这是番司之贴,若夫"贴小白",女性之弄人手腕也。昔日里大唐则天皇帝,大贴其东西两"妃",其一张易之,其二张昌宗,贴得邪气邪气的热络。

而今,舞女之"贴小白"者尤甚,她们从瘟生洋盘那里刮了"血"来,高高兴兴贴给心爱的小白,谓之贱乎?非也,曰"白相相",对矣!

舞场术语图解

## 二八 洋 盘

"洋盘"二个字的起源,是很久以前的事。当中外首次通商,外侨纷纷来到上海之后,那时的上海人看见外国人进餐,餐具是磁做的盆,铜铸的盘,的确是古怪不堪,但无以名之,只得原始地叫它"洋盘"就算数。

"洋"者,当然即洋人之谓也,但盛大餐的"洋盘"亨腾腾,憨噱噱,当时华人效学洋派,外里外行学不像,因而就这样,便把"洋盘"二个字,当作形容外行朋友的新名词。

相传下来,上海人对于某些外行搭煞者,就概称"大餐盘子""洋盘"。不意"洋盘"二字,晚近竟传进跳舞场来了。

迩来舞场中"洋盘"之多,的确是创世纪的,盖"洋盘"之流,有钱无处化,乃系"和尚拜丈母"第一趟,虽是慕名而来者。若辈多属黄包车拆字先生,见了舞女洋里洋腔寿搭搭,吞头势真叫恶形呢。是故,常被舞女讽嘲:"迭当麻子洋钱摆勒盘里格"。

舞女之与"洋盘",鲜有真心,所用者,完全挖儿势也!

## 二九 摆

在上海的流行俗语中,一个"摆"字,颇为盛行,曰"摆噱头","摆堆老","摆华容道",意义各异,用法亦大不相同也。

但舞场之"摆",噱头重重。大众皆知者,"摆拆字滩"也,此外,"摆脱","摆个明白",舞人咸知,此中之含义,不胜奥妙之至。

"摆拆字滩",舞场幼稚班也,此节早经图解,何必再来噜嗦。关于"摆"字,闻上海人称自鸣钟上之锤,亦曰"摆",甩发甩发,此乃形象字也。

凡嗜舞朋友,武断地说一句,多半为西门庆杨乃武信徒,故跑跑舞场,决无柳下惠派,这是事实。因而,足证舞客具属猎艳能手。闲来研究夜壶马桶,不遗余力。尤其牙

签之流,都是"摆"门中之健将,动尽脑筋,但求夜壶摆进马桶,一经"摆"过,随便什么勿想了。

舞之称交际,本来只是幌子吧了。主重者,倒是"摆"字,为了这,夜壶与马桶之间,时常大起斗争,闹得天翻地覆。一般人以为马桶害人,其实罪魁祸首者,夜壶也。

## 三〇 天门头

"上天天无路,入地地无门"。

这本是一句谚语。不料在都市跳舞场中,上天有门可通,竟有"天门头"者,俨然是条上天堂的阳关大道。

通常我们赌"牌九",有天门上门下门横塘之别。"天门"者,面对庄家,天门利市头,好门子也。但舞场如今亦来"天门头",这三字,存心掠"牌九"之美乎?

舞场之有"天门头"一语,起源于何时,发明者谁,无稽可考了,总之,面对洋琴台,此处有"天门"一道,深入"腹"地,则别有"洞"天矣。

"天门头"浪向,理当有天神天将把守。在神话之中,此地乃系太白金星、黄灵官,以及双料头的四大金刚之岗位,不意舞场"天门头"上,坐的多半中流角色,阿桂姐,然则红舞星别有佳座,红星椅座,良可称谓"瑶宫"、"玉皇殿",何尚不对?

"天门"口头,每夜熙熙攘攘,车(拖车)水马(×马)龙,络绎不绝,兼为舞客必经之要塞,故"天门头"浪舞女,大可封她"要塞司令"也!

## 三一 吃豆腐

上海俗语之所谓"吃豆腐"者,指的不外下列各点:打趣,说俏皮话,寻开心……

"吃豆腐"的含义,大概是豆腐很嫩,经不起筷子一触,马上就碎之故。所以被吃的对象,给当作了"豆腐"看待。

舞场本是找刺激的场合,进去吃吃豆腐,家常便饭也。是故,舞场中之豆腐店,较小菜场多上勿少。

"嫩豆腐"酱油拌拌,烩炙人口,老豆腐既可油煎,又可冰冻,别有风味也。但舞场之中,吃豆腐朋友,往往属于老豆腐,其皮甚厚,筷子不容易触进的。

豆腐吃得要写意,这是舞女一致公认的,如果糟里糟气,勿二勿三,则豆腐店可以砍招牌矣!

舞场里,吃豆腐大可明叫明亮,但阿姐光火头浪,见风倒楣,少吃为妙。

豆腐吃到"老开"身上,总有点霉搭搭,是为之"霉豆腐",向老举阿姐"吃豆腐":"谢,勿要摆勒心浪",口子比你老,包你一定走油,此乃"油豆腐"也。凡吾舞客,非下一番苦心,研究研究"豆腐经"不可。

## 三二 胡 羊

暴燥如蛮牛,驯服如羔羊!这是形容,但也是实在的情形。

羊群之中,尤以"胡羊"之性为最善,是故好人搭煞者,概称之为"胡羊",确然。

然而众牲不能与人类同日而语,人,是敏感的动物,假仁假义,空洞虚伪,随便啥个神情,能用一张"牛头马"装腔作势,活龙活现,因此有人"善装胡羊",完全假心肠也。

此辈朋友——社会上触目皆是,但在舞场之中更多,舞客们抓把拣拣,十九"胡羊"者流,假人连气者,不知几多耳。

胡羊朋友,舞女大忌。盖舞女尴尬时候,请他帮帮忙,迷汤一五一十,媚眼百来百去,要伊搅落点,他们却老是装着"胡羊",一副吞头势,大有叫你不忍将条斧开上去之概。可谓赖极!

但"胡羊"之流,非糟也。反之,数皆精刮朋友,钞票掼阿刀口上,抱定当用则用主义,功架之好,皮张之厚(读海),在拉自叹勿如也!

## 三三 | 弹　性

"弹性"，本是英文跳舞的译音。但巧得很，自从被中文译成"弹性"两字之后，一般人便作为"弹力性"解了。

舞既曰"弹性"，在舞场之中，无不以"弹"字为号召。过去，风行一时之弹簧地板，弹簧沙发，均合于"弹性"二字。在舞女本身，有以"席梦"弹性舞于扎客之香饵者，盖亦真家伙之"弹性"也。

舞女，称为"弹性女儿"，人皆共知之。谁译音随心所欲，固无定者。在我的笔下，时辄译为"谈性狗儿"，字音相同，好妙啊！

身为舞女的娘儿们，如果将她们的身段分析起来，确实无一处不富有"弹性"意味的。显著者，肥臀酥胸，如加官面孔，如铜鼓，若面色，若炸弹，丰腴之肉一颤一颤。狐步之时，弹动不息，是乃名符其实也。

舞客与"弹性女儿"搂舞时，飘飘欲仙，但一不经意，辄易惹触该弹性工具之怒，阿要混淘淘哦？

## 三四 马桶间阿姨

马桶间,厕所也。中国人曰大小便处,但洋来洋去的外国人,则谓之"特勃留西",缩写也。

每一娱乐场中,非有"特勃留西"不可。如果没有,便要闹出黄色纠纷来,这不是说着玩的。

公众场所马桶间间长,通常乃属于男性任之,马桶间爷叔是也!然而跳舞场中,舞女"性"之所异,乃有"女厕"之专诚设备。是故舞女们的"特勃留西",其马桶间中最高权威者,"马桶间阿姨"也。

阿姨统辖马桶间大权,凡草纸,桑皮纸,香水,"领"带等项,无不一应俱全,源源赐给,决不中断。

马桶间据说桑皮纸销路最广,阿姨之"铁泼司",亦从此中得来也。马桶间,同时亦为舞女之小组会议室也。舞女们有不可告人之私衷,如此如此,这般这般,惟阿姨为商量之对象,故阿姨领导群雌,大有"女诸葛"风,随便啥个事体,马桶间阿姨总是菩萨心肠,无不为她们打算之。

## 三五 刮刮叫

在欢乐场中,每遇鼓掌喝彩,开口第一句,便是"好哇——刮刮叫"!

这样一来,于是一呼百应,大家合喊起来,哄得满堂天翻地覆的大闹。

相传"刮刮叫"三字,与"丁怪怪"相同,亦广东人所发明者。至今,五马路宝善街一带,卖叉烧的伙计还是带着竞争性,对台大叫:"喂!广东叉烧,刮刮叫"!

"刮刮叫"这句口头语,早已流行于社会,但今又流入了舞场。人们均以"刮刮叫"形容一切:乐队刮刮叫,灯光刮刮叫,舞女阵容刮刮叫!几乎无不一刮即叫。

昔年,西籍乐师海立笙,兴之所至,编成一只"刮刮里格叫"歌曲,有位少年风头实在好,刮刮里格叫,伊搭姑娘笑一笑,乖乖不得了!……这歌哄动各大小舞厅,任何人都会哼的。

是故,"刮刮叫"三字更为舞场人们所熟悉。舞客之赞美舞女,往往是这末一套:"好!阿姐刮刮叫"。舞女闻而回眸娇笑:"谢谢侬!勿要吃豆腐好哦"!一问一答,千篇一律,总之,"刮刮叫"乃颂词也。

## 三六 骚 来

表示歉意,中国人说起来:"抱歉抱歉,真正对侬勿住"。但外国朋友,道歉却说做:"骚来"!

迩来中国人大学洋派,社会上一般男女青年,常用"骚来"二字,深致歉意。故"骚来骚来"之声,不绝于人耳也。

这也是英文的中译。但"骚来"二字,作为中文意思解释,则系形容女性动态之谓。

蹦蹦皇后"白玉霜",沪上戏迷为之倾倒者颇众,盖因演戏入情入骨,故一般观众对白之评论,曰"骚来",然此非致歉意也。

舞圈中人,对于"骚来"二个字,皆咸活用之。下池搂舞,遇二车相撞,喔唷哇:"呵!骚来"!此乃致歉也。再者,有舞女恶形恶状,向人媚眼乱飞,迷汤滥灌,随便啥亦做得出,客则评之曰:"迭位阿姐骚来"!

同是一声"骚来",中英不同,乃有天壤之别。有地方,自无话可说,但有时说得勿得法。碰着阿姐手条子辣点,当心耳光送过来。

## 三七 舞女大板

买办、大板,公司洋行中之"那摩温"也。

跳舞场系属欧化事业,组织均上轨道。此中,虽无买办,却有大板,乃"舞女大板"是也。

"舞女大板"为舞女之"托辣司"。统率货腰女郎,俨然雌中领袖。举凡舞女阵容之挑选,出而进,进而出,三长两短,均由"大板"一把抓,顾得周到之至。

在舞场之中,舞女惟"大板"马首是瞻。"大板"一个屁,那怕红舞星,亦勿敢说臭。故若辈赫然共知,无不倾盆于他。

但"舞女大板"均由男性充任之。盖男人来得威武,做了很有罩势。扳起一张接壹面孔,随便那个舞女,见他吓势势的。

当"舞女大板"资格,第一要兜得转。万一兜而不转,倘使舞联合阵线掼一掼纱帽,眼睛就要"地牌式"。故"大板"亦不易当也。

尝闻"舞女大板",须具有几种面具。既要笑里藏刀,又得软硬并施。则碰着出啥事体,讲得拢,叫得开,应付裕如。如此者,标准"大板"也。

## 三八 大转弯

大都市交通管制甚严,盖行人众多,非求安全不可,因此,各车在十字路口,得加以"大转弯",方算遵守秩序。

这是交通口号。不意"大转弯"一语,乃被舞场舞女引为术语,思想起来,好不笑坏人也。

吾人在欢乐场中,遇女性之打情骂俏,家常便饭也,谚云"勿打勿热络",扳定要拧一把,括一句,男人之骨头轻松十倍,那时,一交跌在云里雾里,混身才愉快莫名。所以女性之打与骂,实为"迷汤"的前奏曲无疑。

"大转弯"者,舞女之随身手术也。有些舞客喜欢动手动脚,舞女即在他的大腿之上,摘牢一些肉,刮辣一把扭转来,啊唷哇!此即"大转弯"的滋味。

盖形容舞女扭腿的姿势,宛若转个大弯,当时舞客之反响,不是大叫一声,便是直跳起来,以牙还牙,亦来扭拧。娇声嗲腔,正由此而开场。但反过来想,皮肉乃父母所造,青而紫,紫而肿,何苦之得?

也有人把"大转弯"叫做"开五灯机(无线电)",此语亦属佳作,与"大转弯"有同种幽默之处。

## 三九 抱台脚

"抱台脚",本是吃白相饭朋友的术语也。

闻赌场之中,有一班老朋友,名为"抱台脚",乃留驻其间,权掌纠察,其实正是排排炮,拿点开销,也算"干公事"的一份子了。

然而舞场中,因为也有捣蛋者流出没,场方鉴及于此,故也非弄几尊大炮来排排不可。于是"抱台脚"者,亦为舞场所罗致也。

但若辈有"公""私"之别,公者,乃舞厅方面所雇,私者为红舞星护身之符,一若卫队保镖,宁可备而不用。

"抱台脚"朋友,须身胚粗壮,卖相越好越灵,路道也要粗点,那末碰出事体,挺,可以荡平一切!

这是指白相人一面而言。若夫吾挤舞文人作家中,亦不乏"抱台脚"朋友,他们所到之处,为光明咖啡馆,大新茶室,新新大东或新雅,轮流在那里经常撰稿,故改"抱台脚"为"跑台脚",谁曰不宜!

若辈不惜工本,开销浩大。但此中"小开"多数,飞脱几张钞票,勿在乎也!

## 四〇 火 山

跳舞场之被称为"火山",单是听其音已颇有些噱头势了。

盖"火山"者,热地也。舞场为两性搂舞之场合,不是热地是什么?故千脱万脱,此间脱不了"热辣辣"这三个字的。因此,以"火山"名之舞场,对极对极。

舞场既称为"火山",蛇似的舞娘们,则属热地上人无疑。诚然,举凡当舞女者,啥人勿是擅用一个"热"字,来摄取舞客的灵魂。一把将舞客拖上"火山"来,"热"络,"热"情,"热"烘烘,弄得舞客"热"心,日久"热"昏颠倒,亦不自知也。

真正的"火山",是会轰然爆裂的,然而被称为"火山"的舞厅,油木地板,挖辣势光,此地并非火成岩,所以不会从地壳里喷射出火花来的。这里有的,是热艳的夏威夷情调,是热辣辣的南岛舞姿而已。

誉为"火山"之舞场,在夏天里,那更加的了不得,两性紧紧熨贴着,汗喘交流,简直要到"热"而沸腾的境地呢!

但是否亦有爆裂这一天,则不得而知也!

四一 | 出　轨

　　舞女与舞客私,一为"拖车",一曰"龙头",这是普遍得很。谁都知道车与龙头互相衔接起来,俨然一列车子,便可以为所欲为循路轨而来往也。列车之交通线,据说亦就是爱之路线。

　　然而舞场之中,钞票可以买爱,盖舞女水性杨花,类多浪漫,舞客逢场作戏,亦皆贪欢,今朝阿猫,明朝阿狗,随心里的高兴,故火山之上,无专一之爱情,因此舞娘嬲人,舞客见弃,蛮好蛮好一列车辆,碰碰会开出轨道,覆于路侧。此所谓"出轨"是也。

　　"出轨"后,两性失欢矣。换了别个场合,男女双方,必定大闹一番,然而舞女之闹失恋,异乎一般桃色事件,通常大家叫叫开,就算拉倒,呒啥大不了的。

　　至若"出轨"了的龙头与拖车,一方面倾覆,一方面即为其他对象接去。故拖车与龙头,纵然"出轨"翻倒,亦无须起重机,吃吃力力为之拖起来焉。

## 四二 捣 蛋

"捣蛋"这二个字,在上海,原也很流行的。

所谓"捣蛋"这句术语,解释起来:乃"丘六乔""俏客""小抖乱"他们的超等手腕是也。大凡这一帮人,日日夜夜,巴不得寻点吼狮,生滋事端,以期混水里摸鱼,敲出一票,放在身边用松来。

跳舞场,既为娱乐场所,"俏客"之类前来"捣蛋",自然是难免的。

但舞场之"捣蛋鬼"也,非为舞女,而属于舞客男性。若辈来意,初,无非吃醋争风,"捣蛋"一番,台型扎个明白。

舞场男女之相争也,镇江酸醋瓶,砰砰彭彭,必然打翻,那时,酸气四溢,令人掩鼻。

但此中之罪魁祸首,当然正是"捣蛋鬼"。

是故,所有舞场中的一切磨擦,打开头,讲斤头,老实说全是"俏客"所捣的蛋。若要火山安宁,总得有一天肃清"俏客"则捣不成蛋也。

舞场当局,亦乐闻乎。

## 四三 跑香宾

上海自有跑马厅以来,年必赛马数十次。平时,称之为小跑马,但遇春夏秋冬四个季节,则每季有大跑马一次,凡中外人等,概谓之"跑香宾"。

蛮好是"跑香宾"三个字,不料最近以来,被录为术语——流行于影舞两界矣。

通常谁都有"逢人称颂"的脾气,在大江南北,人们都把这叫做"拍马屁";南方人尤恶喀,呼之为"戴高帽子"。但"拍马"与"戴高帽子",亦即舞圈中人所谓"跑香宾"是也。

盖"跑香宾"之时,着要马儿获得头名优胜,势必催马加鞭,在马屁股上大拍特拍,故其含义,即"拍马屁"也。

舞客入场购舞,当舞女者,为了生意眼,看在钞票面浪,总得跑舞客之香宾。但是,舞客之欲追求舞女,亦不得不拜倒高跟鞋下,如痴如醉,大跑舞女之香宾。

"跑香宾"这句术语,虽有噱头,但依下走之意,舞场中毋须称为"跑香宾",倒是一干二脆称作"拍马",所拍者"马"也,多么匹配。

## 四四　排　骨

跑进本帮饭店吃肉,堂倌扳定问侬:"壮呢还是拣瘦"?

肉中,除壮瘦之外,还有"排骨"一种,亦烩炙人口之好东西,故不少人爱吃"排骨",大有或饭或面,非此不可之感。

因为如此,上海人便以"排骨"形容人的体格。壮者,曰蹄胖,瘦者,曰"排骨",勿壮勿瘦,称之为四喜。男人如此,女人亦然,这大概是表示男女无欺吧。

舞场原为女人世界,舞女之体条不一,货腰小娘子的体格,举凡小蹄胖,四喜,和排骨,类皆有之。

当吾人入场买舞时,尽可放出目光,拣侬自己喜欢的,听拣勿动气!

此中,"四喜"姐最得一般人之欢心,如果面孔灵点,生意经一定勿会推扳。但也有一批朋友,专门喜欢跳跳"排骨"阿姐。据云排骨亦有妙处,盖"排骨"舞在手浪,有轻如鹅毛,飘飘荡荡之势,无须把持腰肢,若死狗死猫之拖不动也。

不过有一层,当一块排骨贴在身边婆娑起舞时,彷佛抱了一块柴爿,骨头触发触发,真难熬呢!

## 四五　媚　眼

舞女之赚钱,概刮说一句,全倚色相。纵然是第一流吃香的舞娘,如果不以嗲劲儿,不以妩媚之态惑人,决不能叫食舞之男性,千儿八百的钞票化下来的。

既如此,故舞女之入场鬻舞,就不得不先训练功架。则时来运来,定然走红。

所谓舞女之功架,除应酬功而外,首重于媚术。若夫"妩媚之道",嗲腔,迷汤,噱头,媚眼,如此如此,舞客才保险吞饵。此时也,条斧开得上矣。

娘儿妩媚,昔日里,那些花花公子们只知女性打情骂俏,乃风骚也。然而"打""骂"二字,有时男性不喜这功,且属于打打骂骂,至少带些野蛮派头。故女性之蛊惑男人,远不如输送媚眼,秋波一扫,力能倾国倾城,这真是顶顶斯文的了。

据老逛舞场者言,嗲功中效验最著者,莫如"媚眼"。故迩来舞女纷纷响应,练习"媚眼",以期博得"媚眼大王"之雅号。由此,足证"媚眼"掼勿坍,还有勿少舞客爱吃这功呢!

四六 | **买票带出**

舞场在东方的中国,也可说被目为是一张色情的巨网。

凡男性之踏进舞场者,不论阿猫阿狗,拆穿西洋镜,谁不是为了找"谈性狗儿"搂抱,跳跳舞,热络热络,轧个要好(?)朋友。

因为如此,故舞女与舞客之间,就无所谓"神圣"。只要有钞票,铺得平,侬要那能就那能的。

可不是吗?舞场最流行的"买票带出",便是舞女看在钞票面浪,服服贴贴,"跟侬跑"的铁证。

舞女业中,仅谈交际之道,并非一跌就倒者固亦有之,但统计所得,究属少数。多半阿姐轻骨头,看见法币,眼睛碧绿,早已狠命"扎紧"矣。

舞客被舞女认为"稔熟",此时,侬就可以进一步将她"买票带出"。这不但舞场当局欢迎,舞女自己,亦乐予接受也。

买票带出去,辣手辣脚办事,因时间犯就,忒嫌那个。多数舞客之拎出舞女去,不是往他厅跳舞扎台型,便是到啥地方去谈心一番。亦有带舞女出去看电影吃大餐者,但以"舞"的立场来说,未免勿大合算,阿是勿是?

四七 | 四 喜

舞女体条之别称,有"排骨""四喜""小蹄胖"等别,"排骨"日前图解已毕,这里要谈的正是"四喜"了。

有些人走进店家吃菜饭,加肴头,壮肉吃仔要呕出来,忒呒胃口,排骨往往嵌牙齿,吉葛噜嗲讨厌来些,于是多数人还是爱以"四喜"为肴,"四喜"滋味,真是呒没盖罩了。

一般人以"四喜"形容舞娘体态,"四喜"者,不瘦不胖,恰到好处也。

凡是舞女,全凭体条值价。舞场"四喜阿姐"者流,其腰业必盛。盖若辈身体,合乎现时所谓女性美的标准,跳浪手勒,确是窝心之至。

论"四喜姐"曲线之美,则乳臀腰三部,均极丰腴,迭种身胚,既不若"小蹄胖"之拖拉不动,又不扣"排骨"那般石骨挺硬,像根铁条,其舞艺亦容易娴熟。

故舞女堪称"四喜"阿姐者,诚冬夏咸宜也。

## 四八 小 郎

男孩子长到十四五岁时候,还未成年,山东人叫他"小巴戏",宁波人呕(喊)"小顽",上海人概称之谓"阿弟哥"!

豪富之家的"阿弟哥"们,正在家里当小少爷,黄金时代,天坍也勿关的。但是有人家生计难糊,就把"阿弟哥"送到大餐馆,酒吧间,戏馆,跳舞场去当"小郎",穿上童装,执掌司阍之职。

舞场尤属多数,几家大舞厅,几无不雇用"小郎",以壮观瞻。

黄毛丫头十八变,小郎也者,虽非黄毛丫头,却是童子嫩鸡。有孙行者七十二变之势,上任以后,一年半载就派头看大,"钞票"二字,勿要摆勒心浪也。

跳舞厅"小郎"之职,除拉门以外,有时,充当舞客们的无线电,舞客嘱其传音,或是打听相好舞女的消息,非常灵验;故若辈之进账,亦勿推扳呢。

舞女有"童鸡"胃口者,与俏俊之拉门大"小郎"善。几年前,记得有某舞女热恋"小郎"卒至情杀之事。如此者,则"小郎"艳福亦非浅也。

四九 | # 开户头

上海地方做人难,有铜钿去存银行,也不是一件易事。初步进去,非先开个户头不可。然后经常往来,可以源源不绝了。

跳舞,是搅落钞票,去找刺激的事。但进舞场去买舞,为了要想实惠点,也得"开个户头",庶可一朝生,二朝熟,下趟大家热络矣。

舞客群中有不少兜得转的,无所事事,恒夜浸在舞圈中,这一家舞厅进,那一家舞场出,但这样跳舞,仿佛车轮大战,滋味缺缺,且如此开消,啥个立身?故若辈深知不便,逐在各家舞场中开了个"户头",永恒不息地跳她一人。

"开户头"三个字,雅而不俗,且顺口易叫,真是句六方的新术语呵!

"开户头"之所谓"户头"也者,当然是阴性的"舞娘"。但闻"开户头"有多方面的好处,一为经济,二为热络,真是两面俱到的。故舞客"户头"既"开",如果想更进一步,则不难接上龙头,挂为她的拖车,如此情事,何乐而不为呢。

## 五〇 掉枪花

舞女之进场鬻舞也,盖因周旋于男性群中,除以精娴之舞艺易钞外,当然顶要紧的,是应酬功了。

来者舞客,因为无论生张熟魏与之搂舞,为舞女者,势必加以敷衍才是,故舞场之中,上自第一流红星,下至桂家俚格阿姐,谁都要会得应酬,则生意兴隆,决不前吃后空矣。

若夫舞女所谓应酬功者,在前说过,不外灌米汤,作嗲腔,送迷眼等等,然摆开这些,要算"枪花"第一。是故,舞场有"掉枪花"一语,亦随之而流行了。

舞女之腰业能震,其拖车胡老,起码至起码,三五部,六七部,总得拖勒手浪,罩伊排头的。因此,她在每一辆拖车面前,非时常掉其"枪花"不可,则不致让张三李四,打开头了。

"掉枪花",即一般之所谓"摆挖儿势","翻门槛"是也。遇白板之对煞,身为舞女者,尤应鼓动如簧之舌,大掉"枪花",庶保平安。

## 五一 汏浴

里花从良,舞女嫁人,此乃家常便饭,白相相也。嫁得好果然呒啥,如果嫁得勿灵,汏个浴重作冯妇,亦呒啥不大了的。

有人以"猪八戒"三字形容舞女嫁人式,未始算错,但这字眼究实不登大雅,故舞人有喻舞娘嫁人为"汏浴",比较合宜多多。

"汏浴",北方人叫"洗澡"。但上海之所谓"游泳"与"抹身",亦即"汏浴"之另一方式。总之,剥光身体到水里,汏浴两字是勿错的。

舞场中所谓"汏浴"有二,舞女之横嫁竖嫁者,固其一也;但另一种轻贱娘子,天生一副骨头,嫁后不安于室,仍有到舞场来重操腰业,此亦谓之"汏浴"也。

舞女每到弄勿落当口,使动"汏浴"脑筋,寻个寿头麻子阿曲死,或者亚尔曼,三言两语嫁把他,等他给她了轻债务,尴(揩)好屁股后,无债一身轻,此时也,她又要再下海来,"汏浴"算暂时完毕。

上述两点,前者是盆汤,后者可称大汤,舞女噱头不同,要用她们的胃口来配了。

## 五二 下 海

北方人爱好京剧——登台玩票,谓之"下海"。有人祝颂他道:"老板,祝你氍毹上,一举成名"!但在这边南方,娘子初进舞场货腰,亦曰:"下海",嘎唷!阿姐下海者,巴望侬生意兴隆。

同是"下海"一语,诸亲好友,舞场当局,阿猫阿狗,只要相熟,均可为之捧场。

"下海"时之捧场,或在报上大捧,或赠予花篮,拢拢罩势,此乃阿姐之苗头也。

每个舞女必有初次"下海"之日,但红星桂姐,手面不同,此则要看阿姐本事了。

夏令届唉,上海美人鱼将出现游泳池中,以前高桥有海滨浴场,女郎前去泅浴,真正之"下海"泗水也,但舞场术语之所谓"下海"者,仅是形容词而已。

"下海"两字,如果咬文嚼字说起来,那就与事实相距太远。舞场既无"海"可"下",舞女亦没"胆"跳"海"。所以噱头处处有,舞场更加多!一笑。

## 五三　揩　油

文人以脑汁卖钱，工匠靠手臂吃饭，世上无论营商做官，类皆如是。此乃三百六十行的生财原则。然而跳舞女子的一副本钱，二只腿，一条腰也。

舞女既依一双脚为活，如果腿儿勿摆开来动动，钞票便勿会进来，说说也怪可怜相，故入场与舞女搂跳，舞罢，总得搅落一点，才不致于心何忍。

但有的辣手朋友，仅与舞女得得头的交情，到了场中，拣他相熟的拉起就跳，一舞再舞，及至舞罢，一只白板也勿会钞，晏歇会，别转屁股走了。

此种一溜头朋友，"揩油"大王也。场中人亦称之曰"跳白舞"，舞而曰"白"，惟皮张特厚者才干得出来。

舞娘见"揩油"码子驾到，头痛脑胀，派派是认得的，说说难为情，跳跳蚀老本，奈何奈何！

此乃舞之揩油，若夫另一方式，在白天，常约舞女出来马路荡荡，公园兜兜，所费甚微，其实这何尝不在"揩油"之列，忍心乎？

## 五四 转 台

山东老乡身负绝技,皆以"做巴戏"生涯,奔走大江南北,终生流浪。尝见"拆巴戏"时,山东佬劲道十足,只手擎住台子脚,使其离地转旋,臂力之大,真是令人咋舌,钦佩之至!

他们仗此本领就叫观众们哗扯哗扯,大小几口子乃得一饱。

此即"转台"之绝技也。但大都市跳舞场中,也有"转台"一语者。惟此"转台",适与上述相反。盖山东佬用的是真家伙硬功,而跳舞女用的完全是软功也。

舞场之所谓"转台",惟红舞星有之。这就是指:舞女生意兴隆,同一夜的同一时候,甲客召之坐台,乙客继之又召,虽忙得团团转,来不及回到原座里,骨洛一转,便转了过去。此乃"转台"是也。

舞女功夫好,舞艺佳,如果面孔再崭一崭,则转台之现象,必然有之。

红舞星们噱头好,捧客多,一夜转个七八只台是呒啥希奇的,惟有阿桂姐无此福份,只得闷坐在侧,望洋兴叹也。

## 五五 走　红

上海人常以颜色形容他人之貌。譬如说：侬只面孔"红"冬冬，"红"里发"紫"；老兄背脊"绿"油油，或者是：额角头浪"黑"魘魘，像煞皮蛋色。诸如此类，真是勿勿少少。

此类言语，以中下层社会阶级最流行，我们到处可以听到的。但在纸醉金迷的跳舞场里，则除开此种字眼以外，还有新奇的制造。

舞人对那些腰业兴隆的舞女，称之谓"走红"，此其一也。

"走红"舞女，台柱也，场方对若辈捧如观音，爱若明珠，千不放松，万勿脱手，总得罗致在侧，当她"聚宝盆"排场。尝闻"走红"之舞娘，夜营数千，月入万来万去，纵不是与舞场"哈夫"，然则几千之数，场方罩伊牌头的。

然舞女之能"走红"，舞场当局，不无力量。但时来昵良心者忒多，往往一经捧出，屁股一别头，场方为之伤透。

"走红"一语，照字眼解释，依然无稽。"红"而可"走"，则绿可跑，黄可跳，青可飞矣，故曰不通！

## 五六 白　果

"生炒糯米热白果,一个铜板买三颗"!

冬冬,小贩在街头巷尾大敲其破镬子,锵锵锵,哗啦哗啦卖白果,孩子们像煞群蚁附膻,买几颗来吃吃,滋味真崭!

此种"白果",与良乡栗子,黄棣瓜子鸭肫肝等同为闲食也。但在夜之迷宫的跳舞场中,也有"吃白果"一语,此之所谓"白果"者,"白眼"也。

舞厅本为欢乐场。舞女之与舞客,前世负风流之债,今生特地来偿。故身为货腰娘子,无一不对舞客们尽其所长卖弄风骚。

男女在舞场中一经交接,易于演进。交合得好,果然大家热络,但双方一勿开心,女必飨之以"白眼",此乃"吃白果"也。"白果"为亦藐视之貌,侬档麻子起码人,啥人理睬侬,便一个"白果"送过去。总之,"白果"乃"勿热络"之前奏曲无疑。

但有时候,"白果"却有媚眼之副作用,此种"白眼",依然叫人混淘淘,大可称为"俏白果"呢。

## 五七 捧 场

随便做啥事体,风头顶顶要紧。当舞女,第一也要走红,如果舞星红气毫无,大高而不妙,还是掼脱皮包省省吧。

舞女之能走红者,说起来时也运也,时运一来,马上红得发紫,若是时运不佳,叫救命亦吭没办法。然则每个舞女,必然要"捧场"一番,故"捧场"一语,流行于舞厅矣。

舞女进场之初,凡是自家朋友,诸亲百眷以及舞厅当局,大家不遗余力,都来"捧场"。一捧而成名,额角头也,如果捧死捧煞捧勿出,命该如此,八月花的胚子。

桂家里格阿姐,即是捧勿起的石凳子也。

第一流红舞星,颇有老母羊作风。若辈屁股后头,跟着一群捧场客,宛似小羔羊,跟了她东走西跑,那种鞠躬尽瘁,孝道可风的吞头,真不啻是舞国大忠良也。

"捧场"之形式不一,买票,与跳,坐台,撰文,献花,鼓吹,都是"捧场"之法。但有些阿姐娇劲十足,一经捧出不认旧交,如此者,只得捧牢来掼,乃惟一之报复也。

## 五八 大令

跳舞场虽是男女公开搂抱的场合,但是,这里究非情场,因为舞人鲜有专一爱情者。身为舞女,拆穿说一句,大少爷只要有钱,跳跳侬便跳跳侬,呒啥做勿到的事。

职是之故,舞女便是大众的情人。她们也承认这样说法是对的。

舞风来自欧美,故舞厅之中,流行洋语。在洋泾浜教科书中,大众的情人,阿猫阿狗可称她一声"勒父"。但"勒父"二个字叫不顺口,故有以"大令"一句大吃舞女们的豆腐。

"大令大令",阿要肉麻?然而舞客往往恬不知耻,大胆称呼。闻之,有令人不寒而栗之感。

女人身上,有大皮铃二只,抖发抖发。"大令"二字如照中文读为谐音,未始不是形容女人的好句子。

叫舞女一声"大令",倘使搭侬有意思,阿姐一定笑眯眯的。但也有一批舞女,乐予人家这样呼称。替她提个"小大令"的绰号,惹伊轻骨头呢。

## 五九 厚 皮

车胎需用"邓禄普",啤酒要吃"怡和"牌。这两项,前者邓禄普,皮张奇厚,后者怡和啤酒,因商标以"UB"两字,读音同"厚皮",故上海人指一般老面皮朋友,往往以此为代名词的。

天下无难事,只怕老面皮。故市面浪之厚皮朋友,令人惹气相。

尤其在舞场里,"厚皮"特多,故"厚皮"一语交关时路矣。

舞女骂人实头嗲,骂起那种舞客来,"嘎唷"开场:"侬只面孔邓禄普,那能介厚皮,廿四层楼跌下来,勿会脱皮格"!

此种"厚皮"舞客,指的正是精刮朋友。若辈抱定"邓禄普"主义,在舞女面浪,遇有小便宜可拓,听骂勿动气的。但舞女亦有"厚皮"者,十三点寡佬也。伊笃皮张之海(厚),叫侬少有还价。与之搭讪,实在吃她勿消也!

"舞场术语",全篇至此终了。综观二月成绩,无非搅七搅八,噱头一泡,真真献丑献丑。

之明/文

# 骂人辞典

全文连载刊发于《吉报》(民国卅年十二月十五日至民国卅一年六月三日),以"处世哲学"专题呈现,共162期,计83篇上海话俗语文章。

作者原名彭之明,当时已过而立之年,正如其在"前言"中所述,"作者毕竟也是三十多岁的人了",而且自谓"还是一个名不见经传的无名小卒"。据作者自己说:"凡在上海流行通用之骂人名辞,完全采集入册",注解名辞"力求通俗而易于明了"。

其实全篇所收的俗语,大都不是严格意义上的詈语,总题目取"骂人辞典",似有彰显其包罗万象从而吸引人耳目之意。

# 正名宣义

　　作者虽非明哲，亦颇知保身之道，虽然行业犯就，做了摇笔头卖文为活的文丐，然而平日握管为文时节，总是战战兢兢，抱了临渊履薄之意而写稿，决不得罪任何人。那么如今平空写起骂人辞典来，难道找到靠山寻着了什么大脚膀么？非也！非也！作者当初立意撰稿之际，就把"只捧不骂"四个字当做了座右铭，写到如今近十年了，依然故我，还是一个名不见经传的无名小卒。假使有靠山有门路，老实说，也不高兴再干这最没出息的文丐生涯了。

　　那么骂人辞典何为而作耶？这个有点小道理的。我们一向知道"做人难，人难做"。人而做得不得其法，就要"做难人"了。殊不知骂人同做人一样，也是件非轻容易的事！假使电影算是第八艺术，那么骂人便该列为第九艺术，君不见四马路上，书店之内，汗牛充栋般诸书之中，有"骂人百法"，"骂人技巧"，"骂的艺术"等等诸书赫然陈列乎？若非艺术巨制，曷克臻此哉！

　　骂人不但是一种艺术，同时也是一种人生必要技术，你如善于骂人，就能抵抗旁人骂你，而且你三折肱于骂人之道以后，旁人会望而生畏，闻风远避，甚至即使你有可骂之道，人家也不敢来骂你了。骂人之伟大可知矣！

　　那些"骂人大家"，"骂学专家"的皇皇巨著，作者没有拜读过，内容如何？不得而知，同时我自己又没有进过"骂人专校"，也不懂骂人的技巧，照理算算，实在没有资格来写这部骂人辞典！可是作者今年毕竟也是三十多岁的人了，年纪又不曾活到逸园的赌具身上去，眼睛里看到的相骂情形，耳朵里听到的骂人名词，委实就不在少数，凭了卅年听骂回忆起来，如何骂人合乎逻辑？如何骂人不合规则？了然于胸中。那一种骂法听到了要掩耳疾走？那一种骂法值得欣赏？也了若指掌，于是乎，就有人写骂人辞典的动机。

　　俗语有"情愿和苏州人相骂，勿愿与宁波人白话"之说。可是得声调之美与骂人艺术也大有关系，淮扬文戏里有"王婆骂鸡"苏滩里有"探亲相骂"，滑稽里有"二房东与三房客寻相骂"，宣卷里有"婆媳相骂"，平剧里有"打鼓骂曹"，这些，都是以骂的艺术，邀人欣赏的戏剧和歌曲。比较起来探亲相骂近乎泼妇骂街，二房东与三房客寻相骂，完全短兵相接，婆媳相骂，好象家常便饭，不值得重视，打鼓骂曹，不懂得剧情剧词的仁兄大人，不过看看唱弥衡角儿的身上肤色肉彩如何！只鼓打得好听不好听？有否打出"山坡羊""夜深沈"的牌儿名来而已。

　　算来惟有王婆骂鸡的骂，比较最艺术化，她老人家失却了一只鸡，又不知道是谁偷去的，俗语所谓相骂要有对口，相打要有对手。她在没有对口的情形之下，于是就把脑海里认为可骂的各界仕女们，一古脑儿，"各六山姆"那翻出来痛骂一顿，以消她胸中之气。所以骂的声调，不同凡响，骂的姿势，异乎寻常，骂的名词，层出不穷，如王婆这位老"蜜水"者，即称之为骂人皇后，亦无不可，谁曰不宜哉！

　　上海，是全世界也数得着的大都市，酒绿灯红，城开不夜，五方杂处，繁华无比，惟其繁惟其杂，所以各国各地，中西内（地）外（码头）的男男女女都有。上海有了这班男男女女，于是什么希奇古怪的事情都会闹出来！记得老友田舍郎在某报写过一部长篇，题目就叫"男男女女"，文章固然美妙到极点，讽刺性固然也厉害到极点，可是写的究属不过是几个典型狗男女的一幅荒唐生活而已！假使要把整个上海的情形写一部小说，不要说一部男男女女不够，就是再写十部百部以至于千万部，也不能说是就可以尽收笔底吧！即此一端可见其他，骂人亦何独不然？

　　假使你做了足以挨骂的事，在外国，可以听到几句西洋骂调，在浙宁等处，可以听到两声同山北豆酥糖，宁波猪油汤团一般可口美妙的宁式骂人名辞。可是你是上海人，就便当得多了！根本不必远渡重洋，长途跋涉的赶来赶去，不论何时何地，都有异常新奇美妙、希奇古怪，别致有趣的骂人名辞听到。为什么？因为上海是个大都市呀！大都市中有的是东洋人，西洋人，苏空头，杭铁头，刁无锡，恶常州，嘉定老先生，绍兴恶师爷，只要你得罪了任何人，或是在任何人面前做错了事，便有各式各样的骂人名辞听到，耳福之佳，虽蒙古西藏等处之同胞前世敲穿了三十六只木鱼，亦修勿到也！

　　不过话又要说回来了！住在上海，骂人和被骂的机会固然多。骂人的名辞当然也听得多，可是你听到了一个骂人名辞，是否能够听得懂，是否能够完全了解，那便是一个问题，或许有人会这样说：能听得懂，多气恼，听不懂，也就算了，而且即使存心要知道这个骂人名辞，然而骂的人不肯告诉你，有啥办法？市面□旁的辞典都有，骂人辞典还没有，那么听不懂，乐得假装鸳聋，譬如勿听见完结！

　　作者在第一天开场白里就说过，写稿已经写了十年之久，到如今还是个名不见经传的无名小卒。看来要在文坛上炳耀千古是绝对无望的了！至今不能丢下手里这枝以前化二元四角钱买来的自来水笔，依旧在埋首写稿者，无他，糊口之计耳。作者既然不过是一个文丐之流，将来也不希望文名扬于全国，更不希望成名之后并于作家之林，或□步入圣庙里去吃冷牛肉，于是发一个狠，要把各大书局缺货，大小各报不见刊载的骂人名辞，把它收集起来，写一部正人君子见了不屑一读，绅士淑女见了就头疼的骂人辞典出来，给读者诸君茶余酒后，枕上马（桶）上消遣消遣。

当我这部东西是狗屁可,当我这东西是普罗知识,看亦无不可。

明天起正式刊载,每天解释一个名辞。不过有几点,(像普通辞典里的凡例一样)却要在正文未开始前,说一个明白。那便是：

㈠ 本辞典专供不嫌区区彭之明文笔恶劣,同时又喜欢这个调调儿,所谓嗜痂有癖之各界人士阅读,凡不喜阅读者,决不勉强。

㈡ 凡在上海流行通用之骂人名辞,完全采集入册,人不分中外,地无论南北,一律采取。惟总数若干,目下尚难估计,勿是黄牛肩胛,实在骂人名辞太多,只能写过去算帐也。

㈢ 照理写到小说,编到辞典,总要才高八斗学富五车的饱学之士,才能动笔。区区的青春不过而立之年,人生经验和一切知识,俱皆浅薄可笑,容或写错说错,希望列位仁兄大人指正,定当趋前受教而加更正焉!

㈣ 本书注解名辞,力求通俗而易于明了,惟字数并不规定,凡意义深长而足资挥写之名辞,虽数千字不嫌其长,若无可解释者,不过数十字注解,聊备其名而已。

㈤ 目下所采名辞,因名辞杂,暂不依笔划排列,将来或许可能而发行单印本时,自当依此排列,以清眉目,而易于检查也。

㈥ 其他尚有疙里疙瘩,噜里噜嗦,拖泥带水,杂鸽乱拌之种种未了,未尽,未善事宜,咯碌山姆统统一搭括仔包括在本条之内,备补漏洞之用。

# 一 杀千刀

有人说："时代的进展，是日新月异的"。但是我却以为这句话并不是绝对性的话。不信但看一个人假使他犯了罪犯了法，照现代的刑法，轻者关他几小时几天，或是罚他拿出几张花纸头，重者枪毙完结，何等简便爽气？在古时候就没有这样便当了，一个人犯了罪，依案情之轻重，就有五等刑罚来处治他。一种叫墨，是在犯人的额角头上刺了他所犯的罪状，然后再把墨渗透所刺的字。假使此人犯的是强奸罪，那么他额上像报头字大小的强奸两字，永远也洗不掉。一种叫劓，是削去犯人的鼻头，既像开天窗，又像叫他透空气，拍不得小照，见勿得人面，处治得倒也非常幽默。一种叫剕，是斩去犯人的二只脚，我猜想起来，此公不是席卷公款而脚底上抹油，便是欢喜跳舞而跳得倾家荡产之徒。一种叫宫，宫者腐刑也，凡是有夫之妇，或是有妇之夫，搭人家搅七搅八轧姘头等，弄了事体出来，男的割掉他的"势"，女的幽闭她的宫，去了势就等于高力士李莲英，幽闭是和"去牝豕子肠使不复生育"相同之谓也。最末一种叫大辟，不必解释，杀掉此公之首级，骷髅头乔迁之喜也！由此观之，岂非现刑比古刑来得爽气乎？

五刑中丢开墨，劓，剕，宫不说，专说大辟叱！大辟是杀头的代名字，头不必交待，大家知道是大头，可是用什么东西杀呢，其实不说也明白，除了大刀，还有什么东西？说书先生形容起杀头滋味来，据说杀头交关适意！只要头颈里觉得一阵凉飕飕，像电气冷风般一吹，早已动身到丰都城去了，确否待证。一个人不罪大恶极，决不至于受大辟之刑。受到杀千刀的仁兄，已经恶极不堪，何况杀千刀乎？这样一说，大概读者诸君都明白了"杀千刀"这句骂人句辞的真义了吧！普通杀千刀一语，大都出诸妇人之口，不过也有善意和恶意的两种。举一个例来说，摩登女郎碰着"甲乙丙"而骂杀千刀，是恶意的，姨太太打电话给小白脸，笑得格格地骂"杀千刀为啥勿来看我？"是善意的。至于米蛀虫，煤黑心，白无常，油溜鬼之流，那就是道地的杀千刀胚子了！

## 二 饭 桶

今天这个名辞,自己看了也有些寒势势。因为我自己也是一个只会吃饭而不会做事情的家伙。米贵倒也不在话下,有了钞票买勿着米,岂不要触目惊人,冷汗一身乎?饭字不必解释,大家明白。假使连吃饭都不懂者,此公可以挑殡仪馆做一笔生意矣?桶字在"广雅释器"里云"方斛谓之桶",今谓圆木器曰桶。准此,则饭桶者,盛饭之圆木器也。照这样说起来,饭桶不过是一种器具的名称而已,为什么也可以算是一个骂人名辞呢?有道理的,且听区区道来。

君不见痰盂乎?除了可供吐痰,还可以给媛媛宝宝大小便。君不见面盆乎?除了可供洗面,还可以给夫人小姐们洗手绢头,或供烧小菜之前养一养田螺河鲫鱼之类的用处。其他还有好几种用具,我不必举例,读者也能猜想得到他的兼职。惟有饭桶,除了盛饭,既不能以之洗足,又不能拿来大便,以之喻人,笨伯之代名词!

据"晋书羊忧传"云:"晋豫章太守史畴,体肥,时人号为笨伯"。可见只会吃饭,吃了饭又不会转转念头,浑身生成一生好肉彩的朋友,都是饭桶之流也!不过我们可以这样说,不做饭桶便吧,若做饭桶,须得做天字第一号的大饭桶!至少须生得像哈台殷秀岑般一样。因为生了这么一个身胚,饭固然要比旁人多吃数倍,家主婆或许要喊吃勿消,然而就靠了这副身胚,衣食可以无忧矣!诸君以为然否?

## 三 小赤佬

小字是一个形容字,同时也是大的相对字,和长短阔狭高低深浅等一般无二,应毋庸议。佬字是语助词,譬如男人称和佬,女人称寡佬,雅片烟黑佬,白虱称钻佬等,本身并无解释,所以"小赤佬"这名辞,听听是个骂人名辞,实底仔去了头尾,只有一个"赤"字,才是骂人的主要点。

普通一班人以为赤即是红,称你赤佬,无异叫你"红人"。红人和要人闻人,同是国家社会上所不能少的三种人物,那里好算是骂人名辞?就算他赤字当赤膊的赤字解,亦不过道你是个穿不起长衫短衫的捐钢叉朋友,捐钢叉朋友者,穷人之代名词也,然而穷人并不一定是小把戏。照像"男女老幼"俱全,决不会男穷人老穷人女穷人都死光大吉,只剩几个小穷人呀!然则小赤佬果作何解呢?

作者翻了三天辞源辞海,旁及二十五史纲鉴易知录等,结果一无所得。最后去问一位年已古稀的老阿爹。他告诉我说:"'赤佬'者,即是'出佬'也!上海地方死一个人下来,决不能停尸三日以上,往往朝死则夕出,夕死则朝出,出者,抬□出□屋里的死人也!骂人家赤佬者,就是骂人家死人之谓也!"于是乎作者恍然大悟。

不过在上海地方,除了电车公共汽车上售票员骂查票员为赤佬,以及各界仕女在踏疼脚,撩翻豆腐浆,扯破夹长衫等等时期骂人为赤佬外,小赤佬一辞,是否专指小孩子而言的呢?作者曰:"不然!不然!"小赤佬一语,大多出诸妇人之口,而挨骂的对象,十分之九为其豢养而供公余业余消遣开怀之小白脸一流人物也!谓予不信,诸君不妨一证可也。

## 四 烂污皮

鄙国同胞一向颇会自捧自,尤其在碧头黄发的外国老毛面前。碰碰挺胸凸肚大拇指一翘曰:"迭两个中国人勿吹牛皮,有五千年历史的文明古国,礼义之邦,有啥人及得到?"

不错!中国的确是礼义之邦,的确有五千年历史,的确是文明得异乎寻常的泱泱大国。可惜,可惜中国人骂人当口,把这些值得提出的美德美点,都忘了个一干二净!

平日,男人嘴里绝对不提"皮"字,女人嘴里从勿落出一个"鸾"字,如像"皮""鸾"不离口的仁兄仁弟仁姊仁妹,其人一定是床底下放鹞子,大高而不妙的人物。其实不仔细想想,假使没有这二件宝贝,小国民那里来的?亲戚关系如何发生的?真热他娘的大头昏也!

不过话又得说回来,这种情形,只以衣冠中人为限,拳头大、臂膊粗,歪戴帽子拖鞋皮的短打朋友。领口勿钮,脚管吊起,头发篷松双奶高耸的嫂嫂阿姨们,就天真坦白得多了。对就罢,假使勿对,哼哼!一连串的骂人名辞,就像流水快板般滔滔不绝的来了。"烂污皮"一语,其尤著者也!

"皮"之一字,不说也明白,谁不是从皮里生出来的?"烂污"是形容字。譬如小菜,有烂污肉丝,烂污三鲜汤。住宅有烂污二房东,烂污三房客。法币,有烂污角票,烂污分头等。不触皮而要称到烂污,此皮之恶劣,至少也到了"少有出见"的程度了。

在舞国里出名的什么皮蛋阿姐,小马达,橡皮裤子,一点零五分等等,便是很好的例子。可是话又得说明白,烂污皮之烂污,并不一定限于此道,像早上睡到十一点半起身,马桶三日勿倒,小把戏屎撒了一裤子,自家照样含仔香烟又角子么半小麻将的女人,也可归入烂污皮项下,不过"善于人交"的女人,较为明显而已。

## 五 邓禄普

今天这个名辞,不像骂人,倒像正正式式一个人名字。或许会有人以为,此君不是王婆五字诀中位居第三,家有铜山的邓通之后裔,便是潜入阴平道的邓艾之十八代灰孙子。可是都不对。

既然不是人名字,那么倒底是什么名字呢?诸君试想,在骂人辞典里出现的名字,当然是骂人名辞也无疑。然则作何解耶?曰厚颜之谓也。

书经,五字之歌中曰:"郁陶乎予心,颜厚有忸怩。"注云:"颜厚,色愧也!"文选,孔稚珪北山移文中曰:"岂可使芳杜厚颜,薜荔无耻?"

厚皮的骂厚皮好了,为什么又要打切口猜灯谜似的转一个弯,骂人家邓禄普呢?有道理的,皆为仔上海人和洋鬼子发生的关系最多最繁,拉黄包车的小三子,拉客人的野雉小鸭子,尚且会打几句洋泾浜,何况其他各界仕女哉,所以骂人,也骂得有些洋化起来!邓禄普,不过洋化骂人名辞之一而已。

按实际,邓禄普是一种外国货汽车胎牌子的译音,因为它的牌子老,货色好,于是一班汽车阶级以及车行老板们,不换不买新车胎便罢,假使要换新,便指定要邓禄普,于是邓禄普之名大著!

车胎之好,无非好在橡皮之厚,而邓禄普之出名,止因为皮厚,于是聪明朋友灵机一动,把直截爽快得骂人家"厚皮",转弯摸角的骂人家"上海啤酒",一变而为"邓禄普"矣!

凡是"邓禄普"朋友,皮厚得虽不至于斧头砍上去只起白虎痕,城砖丢上去当拜年帖子,然而其种"挨上门,自掇凳","低头服小","唾面自干"之好功夫,远非□区区涵养功夫,□□炉火纯青之毛头小伙子辈,所能望其项背者也!

## 六 猪猡

为了今天这个名词,作者特地去向隔壁人家的小弟弟借一本自然教科书来,翻到"豕"的一课。上面这样写着"家畜之一种,俗名猪,属不反刍偶蹄类,为野猪之变种。体肥美,头大眼小,口吻长,略向上曲,鼻端突出,脚短,腹部殆接近于地。喜卧阴。泥污之处,杂食动植物质,年产二次,每次六子至十二子,约一年而长成"云云。

照理,这么详细的解释猪字,已经很可以了!可是猪字底下的一个猡字,又作何解呢?照字典上对"猡"字的解释,说是有一种野蛮民族,名叫"猡猡",准此,我便可以得到一个结论,骂人家猪,意思不是说此君行动迟钝如猪,便是说此君肥胖如猪,或是不修边幅,终日好睡,年产一雄,头大眼小等如猪一般,至于骂人家猪猡,那便不言而喻,此君除了具有上述诸美点外,断命脾气一定和野蛮民族可以互相伯仲,否则决不会得到这个尊称也。

假使要举一点例,那么像:念七八块钱一令买进的白报纸囤户,文化界要求他以八十元一令平售不肯,宁可半夜里天火烧,或是给当局查封者。对良善三房客弹眼落睛要加房钿,对阿流三房客叩头求拜请搬场之二房东,舞票多买十块廿块勿在乎,衣帽间只付二张五分券,公共汽车乘勿着,忍疼坐黄包车,讲好从新世界拉到西摩路九只角子,拉到目的地以后,付以单元钞令小三子找出一角,小三子哭出胡赖说:"找勿出,阿好妈妈虎虎?"大少爷定归勿肯,一定要找,而且嘴上开花,说是"那排□□猪猡顶勿是物事!碰碰摆噱头,快点找,勿找拉侬巡捕房里去!"小三子听见他捐巡捕房出来勿买账了!气吼吼道:"巡捕房那能?亦勿是侬开格!神气只弯。"于是一言不合,拔拳相打。结果小三子把大少爷打得跌倒在地,身怀一元钞飞奔而去。是役也,大少爷除了损失一角找头,还受到冷拳七十八记,牙齿血五十西西,外加扯破"火姆西本"大衣六寸,如大少爷者,标准猪猡也!

## 七 死　人

要明白"死人",先要明白什么叫"死"？普通说起来,是人物生活作用消失,生命断绝之□也。在法律上,以自然人权利能力之终期,分自然的死与法律的死,前者为人类生理的生命之断绝,普通以停止呼吸时为准。后者乃法律上推定为死亡,如对于失踪人之死亡宣告是。"列子"天瑞篇云:"死者人之终也!""礼月令"云:"靡草死"。

明白了死,就要说到死人了。一个人从娘肚皮里出来之后,就在走向死的路上去,不过时间有迟早而已!普通说起来,所谓"人生五十不为夭",大概活了五十年之后死,好像就没有什么话好说的了,否则就要被旁人称为"短寿促命"。"礼记"云:"少者曰死,老者曰终"。注曰:"少者则曰死,以不得寿终也,故曰死。老者则曰终,谓虽治不愈,似得寿终,故曰终也"。准此,则有被人为骂为死人资格者,此公之芳龄,决不会超过五十岁,可以断言无误。

那么照这样说起来,骂你"死人",意思就是说你"不得寿终"或是"短寿促命"也!其他尚有高见乎？曰:"怎么没有？"君不见"妙根笃爷乎？""叫俚亲人勿答应,牙齿咬得紧腾腾,额骨头浪冰冰阴,阴得来好像冰其淋。揿仔俚头来脚要动,揿仔俚脚,头要动,板门浪向会硬碰碰,头浪向戴仔红缨帽子拖须头,身浪向著仔箭衣外套铜钮头,脚浪向三套云鞋外加大巴斗,茄力克香烟弗吃点说还要点一盏断命油盏头,吉品两报勿看,日到夜独看一张黄纸头。"凡是饭吃得落,屎撒得出,一切如常而行动如"妙根笃爷"者,称之为死人,亦够资格矣!

举一点例:则百货公司里的"镬盖",勿揩油办清公事的电车公共汽车上售票员,典当里的朝奉,大银行里的职员,大饭店里的堂口等等,皆准标之新鲜活死人也。

## 八 老鸢

说文:"七十曰老"。皇疏:"老,谓五十以上。"文献通考户口考:"晋以六十六以上为老,唐以五十五为老,宋以六十为老。"假使拿人来说,那么不问他七十也罢,五十也罢,总之活过五十岁,便可以倚老卖老了。除了对年令之外,称父母亦曰老,称先人亦曰老,见颜氏家训杂纂。尊敬之谓也:"老吾老,以及人之老。"见孟子。凡久于其事者曰老,如老吏,斫轮老手。暮气也,左传僖二十八年:"师直为壮,曲为老。"照上述几种解释看起来,称到老,不是一个坏名字。其他像老天,老丈,老夫,老伯,老衲,老子,老娘,老爹,老婆,老爷,老汉,(非推车之老汉,特注),老先生,老公公等等,除了少数几个名字以外,大都是很尊敬的称呼,而"老鸢"则不在此例!为什么不在此例?因为老鸢是个骂人名辞啊!或许有人要说:"在宋朝时候,称丞相为老凤,那么老鸢不是尚书,至少也是侍郎吧!怎么又是骂人名辞呢?"殊不知这里的一个"鸢"字,不是鸢凤之鸢,乃是人身上某器官的谐声字也。这样一说,缠夹二先生大概也可以明白了吧。

凡是老鸢,年纪不一定在五十以上,二三十岁的小伙子也有,不过此君的人生经验一定非常丰富。上至国家大事,打官司,办喜事,下至斩咸肉,赌跑狗,拆拼头借小房子,叫向导,淘旧货等等,没有一样不懂,没有一件不精,于是开出口来老三老四,倚老卖老者,便是标准的老鸢一只,虽然有些老茄茄得触气相,不过初出茅庐之辈,却情情愿愿服服贴贴于老鸢之指挥之下,想跟跟屁头而出道焉。

照这么说起来,骂你老鸢意思不过说你门槛精而已,含义并不十分恶毒。可是你得注意,对方单单骂你老鸢,尚可忍受一下,假使在老鸢之上另外加形容字,就床底下放鹞子,大高也只八成账了!为什么?因为老鸢尚有真假之分,老小之别也。明乎此,庶乎近焉!

## 九 死乌龟

未解释这个名辞以前,先来看两句搜神记:"商纣之时,大龟生毛,兔生角,此兵甲将兴之象也!"

不要小看了这部搜神记,虽然是部荒诞不经的无稽谰语,它的价值,恐怕也不在推背图之下吧!何以见得?你看!现在这个时势,是不是兵甲交作之时?东也炮声隆隆,西也机声轧轧,弹如雨、枪如林、血肉横飞,哭声震天!有钱的叫苦,为的是有了钞票买不到汽油,存在银行里的金银财宝不能自由动用,堆在栈房里的货色还要充公。没钱的更苦!为的是小生意难做,即使赚了三块五块,还不够买米买柴,听任妻啼子号,顾不了八口之家在嗷嗷待哺。算来惟有把家主婆公诸司好,千金女儿献供权门的龟元帅,虽然生意勿做,倒在八九月里已经把长"毛"海虎绒衣穿在身上。以及没有漂亮老婆姊妹女儿,全靠爷娘加工重料之福,天生一只梅兰芳型的小白脸,追随钟雪琴阿姐之后出卖屁股的兔儿爷,迷住了纠纠者流,居然就神气活现,狠天狠地,好像头上出"角"一般了!使我辈终朝握管为文的卖稿朋友,对之能不气煞!

牢骚发过,且谈正文。死的意思,请读者一看"死人"典,便可明白,无庸再炒冷饭。讲到乌龟,先要考据这句名字乌龟原是一种动物,属于爬虫类,头形似蛇,眼小口大,颚无齿,体形圆扁,背部隆起,腹背皆被坚甲,由鳞片合成。腹背两甲相合,仅余头尾四肢出入之外,四肢披鳞,趾端有爪,趾间张蹼,善游泳,又能匍行于陆上,性迟钝,能耐饥渴,寿颇长,可至百岁以外云云。

乌龟除了当乌龟用之外,还有四种解释。一种是古时以龟为货币,易损"十朋之龟"。汉书食货志。有元龟,公龟,侯龟,子龟,称为龟宝四品。一种是称印,太玄格:"龟锅"。注:"龟为印"又后汉书西域传:"先驯则赏赢金而赐龟绶"。注:"龟,谓印文也"。汉旧仪曰:"银印皆龟纽"。按印纽作龟形,故即谓印曰龟。一种是指文官上朝时佩的龟袋而言。唐书车服志:"天绶二天,改佩鱼皆佩龟"。按唐职官本佩鱼袋,至天绶二年皆改佩龟袋也。一种是指兽类背部隆高处。左传宣十二年:"射麋□龟。"注曰:"□著也,龟,背之隆高当心。"疏:"龟之形,背高而前后下,此射麋□龟,谓著其高处也。"

丢开上面所说的四种正常解释以外,乌龟便是一个骂人名辞了。为什么?有出典的。第一,就是上面所说的天绶二年,其实就是唐朝的女皇帝武则天时代。她不知为了什么原故,把佩鱼要改做佩龟,以致淫乱宫庭,荒唐无耻!一等到唐室中兴,仍废龟佩鱼。所以骂人乌龟,就是无异骂人家为乱臣贼子也!

第二,唐时之乐户,皆著绿头巾,龟头亦为绿色,于是目著绿头巾者为龟。乐户妻女本为歌妓,故又自开妓院纵妻女卖淫者为龟。泊乎今日,群玉汕头,会乐里中,高喊"小阿媛一品香堂差!大西洋王先生!"之河水金者流,客气点称为"相帮",爽气点就是烧汤乌龟也!

第三,普通一班人,称家主婆偷汉郎头,轧姘头之所天为乌龟。辍耕录载金方所作诗嘲一故家人姓,句有"宅眷皆为撑目兔,舍人总作缩头龟"之语。因俗谓兔望月而孕,撑目兔者,盖其妇女不夫而孕也。以龟喻其夫,盖以纵妻行淫者为龟,元时已然矣。

说起来,鳞为兽族之长,凤为百鸟之王,龙为万麟之君,龟则为甲虫之大亨,它们好比写字的颜柳欧苏四大家,各有各的体征,各有各的笔势,各自为政,互不侵犯,所以鳞凤龙龟,谓之四灵,不过再一想,人类是号称为万物之灵的,假使根据几何学的原理,甲乙两数和第三数相等,则甲乙两数亦各自相等,准此,则人与龟皆等于灵。故人类即等于乌龟!谓予不信,则读者诸君不妨放眼一观,天下虽大,而滔滔者,触目无非甲壳动物之龟子龟孙耳。

但是,龟兄虽然忝为四灵之一,可是只见重于古时,而被轻视于现代。君不见神龟负图,圣入作洛书,画八卦,仓颉俯察龟文鸟跡之象而制文字,大禹因龟背而划九州,可见乌龟与中国文化,也有重大关系,而且古时官名也有叫"龟人"的(周礼)。庄子也说过:"吾将曳尾于途中。"他老人家简直诚心要做乌龟,怪不得庄师母要表演精彩无比的大劈棺于后了!至于古人名字中有龟字的,龟年,龟龄之类,更是多得不可胜计。岂知六十年风水真会轮流转的,乌龟至于今日,业已雄风扫地,不但不为人重,而且被人家采作骂人名辞了!若在乌龟上面加一个死字或臭字,尤其恶毒无比焉。

作者起先也不懂,为什么骂人要骂人家为死乌龟?后来仔细一想,明白了。乌龟是动物,凡是动物,都有天赋竞争生存的工具。像蜂之尾,牛之角,螳螂之臂,蜘蛛之丝,都是天生出来用以竞生存和保卫强暴侵略的工具和利器,只有乌龟,除了一身硬壳保护肉体之外,如遇暴力侵犯,毫无抵抗能力,忍气吞声,缩头缩脚,至多在百忙中伸龟头,张龟眼,偷视一下,忙又缩头不迭,用闲功夫和敌人死蛇并并下去,并得敌人看见它闷声勿响,音讯毫无,只道它已经死了,扬长而去,它老人家倒又四肢齐张,"铁托铁托",伸出了龟头高走龟步神气活现了!看来龟兄到是不抵抗主义的发明者。人是高等动物,至少比乌龟总要高出一筹。可是人而如装死腔的乌龟者，倒也大有人在！一任妻女人淫，他老人家却张一只眼，闭一只眼，只当勿看见。甚至索性走走开，落一个眼勿见为净完吉！此辈仁兄之涵养功夫，确已到炉火纯青地步，断非我辈毛头小伙子可以及其万一也！

我也曾作进一步之研究，为什么此辈仁兄宁弃万物之灵地位的人不做，而要去做元绪公之玄衣都督，缁衣大夫呢！无他，为利耳！譬如说：某甲失业已久，衣住行三大要素都丢开，单是吃，就发生了极严重的问题，简直有早不保夕的样子。假使在此时有人对他说："老兄！侬为啥介呆？嫂嫂天生陈云裳能格面孔，为啥勿利用利用伊想点生财之道，岂勿是等于靠米囤而饿煞乎？"

想天下不愿饿煞而情愿犯法者尚且多如过江之鲫，于是某甲之心动矣！如某甲之徒在上海不知有多少，因此舞女也，咸肉也，玻璃杯也，淌白也，野鸡也，响字头也，便充斥于整个大上海矣。

除了上述情形，也有背靠妻子姊妹而升官者，也有格于环境为势所迫无可奈何者，不过总不及见钱眼开之死乌龟来得多耳。

至于在各里弄口之公共小便处墙上，触目皆是的"在此处小便者即是大小五车"云云，并不属于本名辞之内，不过五车代表乌龟而已。是否为手头字或简体字，或写的朋友贪懒不肯写正体，那就不得而知。想来写五车二字，一定取其谐声之意，假使当它"学富五车"的五车用，那就看豁了边矣！一笑。

# 一〇 浮 尸

　　不能说目睹,只能说知道。知道什么？知道上海在三十年前,并不和现在一样的马路平广无比,而是河道纵横于全市的,谓予不信,只消去一问高寿五六十岁的老觅死脱和老觅雪水。他们就可以证明作者的话并非牛皮。

　　苏州除了有天堂的别号以外,还被人家称做是东方威尼斯的。因为苏州多水,所以苏州产的女人,也和春水一样的温柔可爱,就是骂起人来,也软绵绵的异常悦耳。如"杀侬格千刀。钉牢仔奴作啥？阿要拨两记耳光侬吃吃?"等。好色如下来者,宁可回头格位阿姐要吃格,而决勿愿放弃甲乙丙也！

　　苏州有一种船娘,等于上海的向字头,所不同者,向字头像陆军,船娘如海军而已。船娘一天二十四小时中,起码有四分之三的时间登在水里的船上,所以一切行动举止出言吐语,都有些海军化,连骂人也不能例外,"浮尸"一语,即其一也。

　　照这样说起来,浮尸是发源于苏州,后来才流通到上海来的。可是我以为也或许是上海人发明,流传到苏州去的。因为在本文第一段里,作者已经提起过,上海同苏州一样,也是多水之地啊！

　　现在姑且不去管它产自何地,就来解释他的意思吧。浮是沉的相对字。尸是死人的遗体也,连起来,就是死在河里的死人。骂人家浮尸者,就是咒诅对方落水身亡也！

　　我们闭目想一想浮尸是多么可怕啊！尸体里上自喉咙,下达肛门,统统都充满了水,水的干净龌龊,姑且不论,一个肚皮可就像大气球了,浑身也像打气鸭般浮胖着。即使此君生前瘦如哈十蟆,一旦到了尸而且浮的时候,面孔就会胖得如弥勒佛。尸首浸在水里的日子越久,则他的体积也越胖。假使到了要烂的程度,他的肥度也可说到了极度矣！

　　明乎此,则浮尸一语,可知乃专骂大块头大胖子的也。

　　不过事实上也有未必尽然者,譬如我们平常往往可以听到如左的说话：

　　"王师母,那王先生呢?"

　　"伲只浮尸叉麻将去哉！"（闲话家常）

　　"张小姐！此地位子空,请过来好哦?"

　　"勿要！勿要！我情愿等三号迭只浮尸空仔做好哉！"（理发店中）

"阿姐,侬勿要面孔板得介紧,搭侬跳格只山东浮尸,年纪末老点,生相末难有,血肉蛮胖!而且,而且……邪气来劲呢!"

"勿要自说自话好哦?我呒没胃口!"(舞女私语)

上面三个对白中,都有浮尸两字,惟是否作大块头解,惟有请读者自理矣。

## 一一 瘪 三

在没有发明四大要素以前,中国人一向只知道人生有三大要素,那便是"衣""食""住"是也。

假使一个人要在世界上活一天,那么便不可一日缺这三大要素,人人如此,无分男女老幼皆然。然而偏有人焉,衣不蔽体,食不果腹,住无定所,三大要素欲要无从,欲求不得,于是好事之徒,荣赐此辈一美名曰"瘪三"或"毕三"焉。

瘪者,干瘪也。上海人称钱曰血,无钱曰生干血痨,凡是堂堂八尺奇男子而生了女人病,于是日以大饼油条当中饭,士林布单长衫一件之内,既无短衫,亦无三角裤。夜里扯一张戏院里海报当被头,过街楼下,垃圾桶里就此一梦黄粱者,真家实伙之瘪三也!

然而亦有富室后裔,纨绔子弟辈,事实上并不瘪于此三大要素,而人家叫他毕三者何谓也? 曰:毕三者,对于烟赌娼三者皆领得毕业证书之谓也。毕业于烟者,善吞生烟灰,惯尝笼头水,进而能打弹子吃白面。毕业于赌者,须精于"连路""摇路","叠宝塔","做郎中"之三项绝技也,毕业于娼者,除了会长三,闯么二,斩咸肉,捞淌白,叫向导,玩玻璃杯,跳约约舞,请西洋女子按摩之外,更须经白浊横痃子疳三专科之实习焉。三科三级,苟且三三贯通,三三兼擅,则此公纵非毕三,去毕三亦不远矣!

若使总刮一句说,那么毕三瘪三也者,乃善于消耗,不能生产,有钞票给他,十万二十万可以用得完,而要他赚一元二元则异常吃力之贪吃懒做之徒的代名词也。

## 一二 洋铁罐头

洋铁者,洋铅皮也。罐头者,瓦器之可容物或烧煮者曰罐,如痰罐汤罐等是也。连在一起读,那么一生而知是一只摆摆东西的洋铁家生耳。普通放在洋铁罐头里的东西,不外乎是饼干,糖果以及一切罐头食物等东西而已。

照这样看起来,洋铁罐头虽不是什么价值连城的上品国宝,可是也并非低三下四的浪荡货。然则骂人家洋铁罐头果何意乎?曰,其意有二。一种是着长衫马褂的中装朋友,看勿入眼两肩高耸,头颈里挂提狗圈,脚上套硬底皮鞋,上半身像漆匠司务,下半身像马夫打扮的西装朋友,称他们为洋鬼子吧。明明是中国人,要认为同胞吧,实在行头穿得触气相,无以名之,只能称之曰洋铁罐头。

一种是因为洋铁罐头里所装的东西,往往不及外面的卖相好看,或是蛮大蛮一只洋铁罐头里,其实只装了米米细细一件小东西,其余都是纸屑木花而已。还有卖相好东西的洋铁罐头,往往一眼碰勿起,三岁小宝宝一脚踏下去,也可以把它踏瘪。再加洋铁罐头只卖一个新,日子一久,花漆一脱落,一受潮,一着水,那怕好做好的洋铁罐头,也要弄得一搭糊涂面目全非的了。

由此观之,(恕作者套一句在高小求学时代的作文名句)洋铁罐头者,着西装朋友之代名词也,凡着西装之朋友而终年只该一套藏青哔叽,里间衬衫破得一搭糊涂者,或者了啥啥铁克斯西装,袋里钞票只够吃一客蛋炒饭者,或西装笔挺神气活现,碰着起码白相人已经急得极汗一身而频呼爷叔者等等,皆标准之洋铁罐头也。

## 一三 阿木林

据不十分科学，而似乎又有些哲学意味的算命先生，如"无见光""小无锡""涨息糖"辈对外声称，一个人的命运好坏，完全受甲乙丙丁，子丑寅卯等十二天干地支所支配。换一句话说，那便是与落地的时辰八字大有关系。

在八个字中，算命先生又能算出你五行全不全。五行者，即金木水火土之谓也，其实照我想想，人体是血肉毛骨组合而成，假使把它分析起来，根据小时候读生理学所得，知道人体内有几种原质，可以制成几枚绣花针，可以制成几枝铅笔，那么当然有金属成份在内。人热天要出汗，冷天要流鼻涕，前门会小便，后门会大便，家主婆跟人跑掉了，神隍老寿终正寝了要出眼泪，这是水。三个月勿洗澡，擦背司务在你身上擦下，三磅黑黑的泥条，这是土。搭朋友合做生意，半途撒烂污放侬生，同舞女跳舞，面孔贴上来，大转弯辰光三角地带在你膝馒头上扭几扭，于是乎三光透顶，欲念陡兴，这是人身上的三昧真火，算来惟有一个木字，毫无着落，作者愚笨想勿出来，未知读者诸君，阿有啥高明之见，告诉区区否？

现在姑且不管他真五行假五行，总之凡是中国人，只要他不是只认得洋鬼子洋婆子，开口"也死"，闭口"哑铅"之徒，大多数同胞，还是很相信这金木水火土五行之说，并且认为一个人面能五行俱全，将来必有将来焉。

可是真正要金木水火土五行俱全的人，全国也找不出几百个。普通一班人，大多是五行残缺不全的。然而落地的时辰八字，有关"城隍老"和"坑山姑"的制造秘密问题，为人子者的命运好坏，只要"城隍老"多并一口气，早出迟出几西西，"坑山姑"借席梦思弹簧之助多扭几扭，临盆时多熬疼一个搭半个钟头，其中便大有出入，所以作者认为五行之全不全，完全是命中注定的前世事，一点也无可强求者也。

然则五行中缺了点啥，果一筹莫展听天由命乎？那也未必尽然！聪明人自有缓救的方法在，虽然这方法不过是一种自骗自的玩意儿，说起来倒也"有趣得野笃！"譬如养了一个小把戏，命里缺金，在名字中便采取有金字旁的字眼。如"鑫""铨""钧""镐"之类，不过这是书香门第中的事。在目不识丁的乡下人，逢到小把戏缺金，便直截痛快的叫他"阿金"，其余如"阿木"，"阿水"，"阿火"，"阿土"等，都是补足五行的名字。（编者道：假使缺水缺木，是否即将名字喊成"阿水木"？一笑。）

万一五行而缺了三行，便取名为"阿水金"，"阿土金"等，也是常有的事。假使有人命里，缺一项，可是缺得特别多，于是在名字上便把所缺的一行特别加得重，如"莫鑫鑫"，"高森"，"李垚垚"等便是。乡下人想勿出啥雅致点的名字，老老实实就叫"阿木林"，此"阿木林"之所由来也。

明白了阿木林之由来，我们便可以明白，称你为阿木林，就无异是叫你乡下人也！乡下人初到上海，好像刘姥姥跑进了大观园，目迷五色，其不闹笑话者几希。而且乡下人的五行之中，好像缺木者又特别多，因此凡是乡下人，独多阿木林。于是乎，阿木林这个名字，似乎成了乡曲的总代表名字矣。

或者有人要问："一样骂人家乡曲，一样是乡下人的小名乳名，为什么不举阿火炎，阿水金等为代表，偏偏要看中阿木林呢？"

这倒也有点小道理的！我们一向称呆子，憨大为呆木头，在通文的朋友嘴里说起来，就叫"呆若木鸡"。他们并非真的是一只木鸡，也不是身体由木头造成，乃是指他们的皮肤麻痹，感觉迟钝也，简称曰"莫知莫觉"，或是"莫而觉之"，莫与木同音，阿木林中，木头倒有三根，盖以此喻人，此公的"莫知莫觉"程度，已经到了极点矣！

## 一四 遗尿宝

　　一个人从幼至老,大多要犯二种毛病,而且毛病之中,都有一个遗字的,那便是"遗尿"和"遗精",前者小把戏犯得多,后者小伙子犯者众。

　　关于遗精问题,大小各报的医药二种广告里,谈的人很多,读者诸君也早已明明白白,作者就不再饶舌了,现在姑且来谈遗尿。

　　遗尿是一种毛病,医生说起来就叫遗尿症,原因是膀胱里的括约筋衰弱或松弛所致,犯者当然以小把戏为多,不过限于五六岁的小孩子为准,假使叫名头一二岁的,孩子夜里撒尿出,算算也是遗尿,其实,细想想,倒也未便苛责,为什么,因为他们还不会说话,因此未能预先通知令堂太太而遗尿一泡,殊为遗憾耳。

　　除了有种五理蛮理女人,碰着小囡撒尿出,要痛打小屁股以外,大多数做娘的,对于勿会说话的小把戏遗尿,都与以同情的原谅。对于五六岁的小囡遗尿,就不肯谅解了!通道理的,请医生医治,做人家点看看医书,照方而治,勿通道理的,就要吃生活了。

　　老古话,"打在儿身,疼在娘心",自己十月怀胎,三年哺乳,非轻容易养大的儿子,那怕他尿遗得满褥满床,夜夜要遗过明白,做父母的打虽要打,心里总有点勿大舍得,依旧心肝宝贝不离口,此遗尿宝之所由来也。

　　明白了遗尿宝的来源,我们就可以知道,骂你遗尿宝者,意思就是说,大来西的人,还要做出小把戏做的事情来,有点鸭尿臭之谓也。或曰:"遗尿宝"亦作"现世报",或"现世宝",此何解乎？作者答曰,意义不同,请看下文便知。

　　现世报,并非指民国廿九年红极一时,苏广成老兄主编之豆腐周刊。现世作现代解,报作报应解,骂人现世报,并非直接骂此公本人,意思说此公之若父若祖列祖列宗,做了伤天害理十恶不赦的事情,未及报应于本人,而报之于若子若孙若妻若女,如儿子做强盗,孙子做乌龟,家主婆上的不是鲜肉庄,女儿做向字头或淌白野鸡等等,报应不爽之谓也。

　　现世宝,现作动字解,意谓出现,世乃世界,宝乃宝贝,连在一起,就是说出现在世界上之宝贝也。我们知道宝贝有二义,像避火衣,定风珠,分水鞋,猫儿眼,夜光杯,一捧雪,无瑕白璧等等,是宝贝,价值连城,得之不易! 再如老子已死在板门上,尚未大殓,孝子已经开了浴室房间叫向导姑娘,表演"香"面孔,"掏"裤裆的巴戏者,或是男人病得已只剩一息游丝,女人照样还会搭"和佬"码子到小房子里去唱鹊桥相会似的白天戏者,亦是宝贝,现世宝所指,即后者之脱底狗男女也。

## 一五 白礼氏

　　白礼氏和邓禄普一样，不像一个骂人名辞，而像一位"觅雪水"的称呼。不过翻遍百家姓，只有姓白的，姓李的，姓万的，却寻不出姓礼的，此何故欤？

　　原来白礼氏者，是一家专门经营煤油汽油柴油的亚西亚洋行，所兼营的一种洋蜡烛牌子也！蜡烛上面加一个洋字，其系舶来品也毫无疑义，骂你白礼氏者，即称阁下为蜡烛之意也。

　　蜡烛是什么东西，据字典上说："是以薪苇为中心，灌以脂膏，燃之以取明者。仪礼燕礼篇云："司宫执烛于西阶上"。按古无今之蜡烛，惟呼火炬为烛，未爇曰燋，执于手曰烛，大烛树地曰庭燎，薪苇为之，小者麻蒸为之也。这是中国蜡烛的解释，至于白礼氏，除了烛油全部为白色外，其另一点不同于方四两及斤通者，即不以薪苇麻蒸为中心，而以棉纱线为中心也。

　　鄙国同胞对于蜡烛的用途，好像除了照明，（其实也只限于乡间无电灯设备之处），点在菩萨面前，点在祖宗亡人面前以外，其他就没有什么大用处，如癞皮告化子之以蜡烛油涂在大腿上小膀上，伪装为烂腿之脓血淋漓者，已经算是额外用途了！至于老太太之流拿烛油来涂在冻疮上，或是把烛油当做蜜糖用，尤其是卑不足道，不能列为蜡烛的正当用途。

　　可是我们不要小看了蜡烛，它的精神，实在有耶稣基督和我佛如来般伟大。耶稣牺牲了自己的性命于十字架上，为了求人类走上光明之路，如来佛不惜身入地狱受苦，为了要普渡众生，蜡烛在黑暗世界中为人类大放光明，结果也将自己的身体化作一道清烟，连灰烬都不剩一点，它的牺牲精神，似乎比耶稣更勇敢，比如来更伟大了。

　　话虽如此说，可是鄙国同胞非但不尊重蜡烛的精神，反而采取它为骂人名词。其所以采取的理由，因为蜡烛不点是不亮的，所以骂人家蜡烛，意思就是说此公是个不识好歹的朋友也。

　　"蜡来不识相"，"蜡气冲天"，"蜡得转仔湾"，"蜡格格"，这些都是上海人嘴里说的骂人话，意思都是从"蜡烛脾气"中蜕化而来的，"胡桃肉须敲碎了壳才能吃"，"蜡烛用火点了才肯放光"，这两句俗语是同样意义，都是"敬酒勿吃吃罚酒"之意也。

一个人若被人公认他富有蜡烛脾气,大家便处处无善意对待,要作弄他,使他常常上当,甚至做好了圈套叫他去钻,但是奇怪的却是他非得上过当钻过圈套后,他决不肯掏腰包,决不肯拿钱出来"散福",于是此公便带有几分洋相,此洋非南北太平洋之洋,乃是洋盘搭煞的洋,易言之,即洋蜡烛一根,洋蜡烛之代名词,即白礼氏是也!

## 一六 雌老虎

老虎,是一种食肉类的哺乳动物,形略似猫,不过身体大点,额角头上多一个王字。全身长六尺左右,毛黄褐色,具黑色波纹,四肢皆具五趾,有爪钩,性凶悍,力猛,吼声宏大,夜出捕食鸟兽,兼袭人。东三省,蒙古,西伯利亚,印度等处皆产之。

老虎的解释,已如上述,至于加一个雌字,那不说也明白,我们知道,人分男女,动物分雌雄,雌老虎者,即母大虫也!在第五才子一百零八将里,内中有一员女将,芳名就叫"母大虫顾大嫂"。水浒是宋徽宗时代的事(大概在西历一千一百年之后),当时称狠巴巴的女人叫母大虫,经过了八百几十年的长时间,言语文字都有变迁,"大虫"改称"老虎",于是"母大虫"就摇身一变而为"雌老虎"了。

当时的顾大嫂,是一个强盗婆,登在梁山水泊里,耀武扬威,不可一世!可是在上海,既无梁山,又无水泊,也根本没有做打家劫舍,或是出卖蒙汗药酒和人肉包子的女强盗,至多在会乐里群玉坊等处,有几个雅号"强盗老三","强盗小阿媛"等的阿姐,也不过是叫叫的绰号而已,事实上并不如当年的顾大嫂般横行不法,肆无忌惮。然则雌老虎果何指乎?曰有二种女人,可以当雌老虎之尊称而无愧。那二种女人呢?曰:白相人嫂嫂和非白相人嫂嫂之猛门女人是也。

同文密斯脱益世周,在品报上有一部长篇杰作,篇名就叫白相人嫂嫂。圈吉兄本来熟于歪戴帽子地界,再加文笔流利,所以把书中主人翁如白娘娘,阿德娘子,宝贞等几位女将,莫不写得活龙活现,惟妙惟肖,挺胸凸肚,风头十足。讲两句斤头,斩钉截铁,一刮两响。人头兜得转,做事落门落槛,不说洋盘闲话,不做半吊子,阅之如食哀家梨,爽利无匹。嫂嫂之所以欲加上白相人三字,想来读者亦可以明白矣。

非属于白相人嫂嫂地界之猛门女人,即俗称雌老虎是也。一个勿对劲,马上竖眉瞪眼,挥拳抒臂,开口骂山门,动手打老公,男人见之簌簌抖,公婆看见横点头,吃相固邪气难看也。

俗语有"老虎勿吃人,形状吓坏人"一语。其实天下岂有勿吃人的老虎?假使有,那便是指蛮不讲理的雌老虎而言。她监视男人像待囚犯一样,发现了男人有什么不规则行动,便大肆咆哮,不顾男人的丝毫面子,甚至连天王老子都勿卖账,吓得亲眷朋友却退避三舍而不敢上她的门,大有虎威远震之概。不过依作者替雌老虎们想想,未免太乏味了! 夫妻淘里是理该"相敬如宾"的,真正弄到了"相警如兵"的地步,还有什么趣味呢?

　　说起来,又是件使人不相信的事,凡是家有雌老虎的仁兄,当了玉皇大帝的面,大都吓得像小鬼见了钟馗,死样怪气,闷声勿响。可是只要一背了雌老虎的面,马上鲜龙活跳,神出鬼没,什么巴戏都会玩出来,尤其是偷婆娘手段,格外高人一等,姘头七八个,小房子三四处,可是雌老虎却被瞒得铁桶相似,毫厘不知,岂非依旧一场空,像我的朋友,苏广成和王庆余二人,见了家主婆,都奉之若神明,连重屁也不敢放一个的仁兄,可是苏王二公一背了两位嫂嫂之面,立刻偷天换日花样百出,谓予不信,则"骑虎日记"与"鼠牛日记"两部煌煌巨著,即明证也。

　　关于抵制雌老虎的方法,中外文学家都有具体的条陈。在中国,自以蒲留仙的方法最多最妙! 如聊斋志异里的"马介甫","恒娘","江城"等都是。在外国,那么英国大文豪莎士比亚的杰作"驯悍记"剧本,曾经风行过全世界。其他尚有好许多关于雌老虎的文学作品,多得不可胜计。大概作者们都是怕老婆的都元帅,怕老婆的老前辈,身受了雌老虎的切肤之疼,既不能在雌老虎本人面前发格,就聚精会神的运用了生花妙笔,形诸笔墨,以广流传了。读者中如有尚未出阁的乳虎密水们,阅我之后,当知所适从矣! 一笑。

## 一七 十三点

一个"好"字，有几种说法。譬如："迭挡码子身浪一件火姆西本大衣倒'呒啥'"！"老兄！侬两个赵体小字倒写得'勿邱'"！"喂！老抢！阿有啥'崭'点格向大人再喊几个来打打样看？""可惜白玉霜死哉，勿然看伊做起马寡妇开店来，格末叫'出色'"！"轶票货色末'局'哉！侬作啥早点勿拿出来"？在五句说话中，若"局"也，"崭"也，"呒啥"也，"勿邱"也，"出色"也，意思都是说"好"而已。

丢开上面四种，姑且来谈"出色"。何谓出色？二只骰子可以掷得出得点数，最小是双幺，共计二点，最大是双六，共计十二点。假使有人想拿二只骰子掷出十三点来，便"出"了"色"子的范围，此之谓出色，亦即十三点之来源也。

照这样说起来，骂你十三点，就是说你出色，出色的意思就是好，那么骂你十三点就无异说你好，可是为什么你叫了人家十三点人家就要面孔一扳动气呢？此中也有个小小的缘故。君不见梅兰芳博士登台乎？胡琴过门一拉，梅博士夹紧了屁眼，轻启朱唇曼声一唱，台下马上来一个哄堂叫好，这是真正的好。又譬如在舞场里，有两位八月之花，因为汤烂吃饱，广告舞白跳，结果还是个门前冷落车马稀，真正呒啥做了，就到麦格风前去唱歌引客。可是唱得来荒腔走板，一无是处，等到唱罢下来，照样有人拍手喊好，这就是所谓倒好。骂人家十三点，亦喊倒好之意也，人家那能勿要动气？

十三点是个骂人名辞，大家都知道，可是除了"出色"之意外，究竟是什么意思呢？我们知道癡字的俗写是痴字，痴字的笔划算起来，刚巧十三划，十三点代表十三划，所以说"某人有点十三点式气"，意思就是说他是个有些疯疯癫癫的痴子也。普通称十三点，大都是指女子而言，男子只有雅篆曰"寿头""糟兄"（另详后条）。不过指男子为十三点尚可通用，指女痴为寿头或糟兄，那就相差一点了。

有人说，十三点是指骨牌里的二只牌，一只幺五，一只幺六，这二双牌合起来，恰巧是十三点。而且幺五幺六的形，都像蜡烛扦子，盖以此喻痴头痴脑的仁姊仁妹，蜡格格好话勿肯听，只配拿通红坚硬的蜡烛给她们插进去也。

麻面的人，恨有人当面叫他"小麻子""烂麻皮"。天生十三点脾气的女人，当然也痛恨人家称她十三点，于是聪明朋友，就想出种种别名来暗克十三点，使她们听见了也莫明其保安司徒庙。著名的有"么五么六","戚门陆氏","梁山伯","金少山","老开","四七一一","电话听筒","新新公司","愚园路"等。最有趣的还有短歌二句,叫做"点半点半二点半,三点敲过四点半。"读也如果把歌中的点数加起来,共和数固恰恰十三点也!

## 一八 小儿科

小知录云:"医十三科,即大方脉科,杂医科,小方脉科,疯科,产科兼妇科,针灸科,祝由科。"别科不谈,就说大小方脉科吧,大方脉是专医大人病的,小方脉是专医小人病的,别名幼科,普通说起来,就叫小儿科。

照这样说起来,骂你小儿科,也没有什么大不了呀!假使自己不是医生,根本勿必摆拉心浪,即使是医生,也不过说你是只会看看小巴戏出毛病的起码医生,不能如报纸上一般,什么十八代祖传世医,或是精治男女内外花柳,皮肤肠胃咽喉,伤寒伤风咳嗽,头疼心疼肚疼各症的万能医生般吃价而已。可是事实上是否如此呢?作者曰:"非也!"骂人小儿科,即讥其人小家败气也。举一点例,如喜欢看小报而只租勿买者。吸香烟朋友,香烟盒子里却装三种香烟,敬上用大炮台,自吸大英牌,待客用仙女牌者。带舞女看大光明,只肯买前座券者。叫向导只在一元一小时中拣人头者。坐电车那怕头等三等票价相同,杀脱他的头也勿肯坐头等者,都是标准小儿科人物也!不过话这样说,小儿科的派头虽小,现在日上多两钿者,还是小儿科,我辈碰碰派头一络之死要面子朋友,倒底日日像在过大年夜也!

## 一九　丈二豆芽

我们吃的菜蔬,大半都是在田里种出来的,惟有豆芽菜,却不由泥土中生长,乃是用人工制造成功的。

豆芽的制法,是黄豆放在水里浸湿后,闷在湿蒲包里,尽它慢慢的去发芽,但等芽发到相当程度,就能挑到小菜场上去卖了。

豆芽除了有黄绿之分外,还有"洗根"和"长根"之别。洗根者乃是经过人工摘得修短合度的一种,售价较昂。长根者,乃是原生豆芽,并未加以拣摘者也。所以丈二豆芽云云,一望而知乃是属于长根豆芽中也无疑。

然则骂人家丈二豆芽,意思即与骂人家"电线木头""晒衣裳竹竿"一般无二乎?曰否!盖芽乃嫩之专名,芽虽长至一丈二尺高度,老固老矣,仍不脱嫩之范围也。故丈二豆芽者,意即"老嫩"之谓也。

例如民国元年的大小姐,到今日之下仍旧尚未有过出阁之喜,或发生其他桃色事件,一日到夜只知躲在亭子间里做生活。偶而有一个陌生小伙子跑进亭子间,她就要弄得面红耳赤,窘态毕露,连说话也不连牵者,标准之丈二豆芽也。

也有一种仁兄,平日在朋友面前老鸢式气,牛皮滥吹,听得朋友也相信他对于斩域肉叫向导一定是老门槛。岂知有朝一日和朋友到了咸肉庄上,他自己叫着了一块老茄茄的老监头,一见面就此伸出辣手出摸他的首阳山,他马上呼腰曲背打招呼,连喊:"阿姐勿要打朋!"同时脸也急得像了关老二者,亦丈二豆芽之流亚也!

## 二〇 大菜盆子

在逊清光绪年间，戏馆里的戏单上，都标明着"洋人加倍"四个字。那时不但戏馆如此，无论什么生意，只要是洋鬼子上门，都带些竹杠性质，暗地里把做生意的"盘子"抬高一半。譬如明明卖一只洋的一只花瓶，卖给洋鬼子就要二元。

后来推而广之，有些不顾商业道德的店家，不但对洋鬼子如此，连带对初到上海来的异乡人，也用这种手段了，老板或是阿大先生，看见走上来土头土脑的仁兄，便会对伙计说："洋盘子来了"！则此公不作成他们的生意便罢，要买他们的东西，便做足了洋盘矣。

一切事物，都是随时代进化的，所以到了民国年间，洋盘二字，一变而成了"大菜盆子"矣！或许有人奇怪，二个字怎么会变成四个字的？盖洋鬼子吃的是大菜，而盘子本可作盆碟之解，所以骂你大菜盆子，就无异称阁下为洋盘也。

当初称洋盘的意思，是说此公勿懂一只卵之意，到了现代，大菜盆子就成了一切外行朋友的代名词。如不懂"吃过桥面"即代表到八仙桥去斩一刀，不懂"尚田银行"即典当之别名等，均属大菜盆子之流亚也。

到了公历一千九百四十二年，大中华民国三十一年，大菜盆子之在上海，已成凤毛麟角了。不要说上海本地人，或是旅沪已久的外码头客人，都成了老鬼，就是刚到上海来的客乡，也都门槛精透，决不会再做大菜盆子而化钞票于刀背上。因此一班人都说近来上海市面十分枯，原因就为了大菜盆子缺货之故也。

可是上海当真已经大菜盆子绝迹了么？那也未必尽然，从什么地方可以找到大菜盆子呢？多得很在跳舞场，长三堂子，贵族屠门，外国咸肉庄等处，至少有十分之五是大菜盆子！有的是货真价实的大菜盆子，有的是虽属老鬼而自愿或是有意在浑充大菜盆子。老实说，假使连此等地方都没有了大菜盆子，叫那班舞女，倌人，人家人，皮丝烟寡老等等，灰贝大衣去着在啥人头上？屋里终日一榻横陈啸嗷烟霞的"神隍老""坑山姑"变枪如何举得起？只会用钞票勿会赚，钞票的寄生虫辈去照啥人的牌头？罗宋大菜吃在啥人的名下呢？

作者对于大菜盆子，向来很表同情，惟于一般黑心黑肚肠，专门欺侮大菜盆子的辣手朋友，则恨不得举起杀千刀来，把迭排赤佬斩成千刀肉也。

## 二一　小扇子

　　扇子是什么东西？是一种用以煽动气流之具，古亦称箑。方言上说："自关而东谓之箑，自关而西谓之扇"。由来也很古的了。世本上说："武王始作箑"。可是在帝王世记上却这么说："晓时厨中生肉脯，清如翠，摇则风生，使食物寒而不臭，名限□脯"。可见扇子也是一件古董哩！

　　我们看这个扇子是，从户从羽的，所以古时候的扇子，大都是羽毛所制。其余少数是纨扇，草扇，团扇之类。讲到折扇，却是东洋货，在明朝才流入中国。在张东海集上这么说："中国古无折扇，尝见王秋碉记，元初东南夷使者持聚头扇，当时讥笑之。我朝永乐初始有，特仆下人所持，以便事人耳。及倭国充贡，太宗遍赐群臣，内部又仿其制以供赐予，天下乃遍用之，而团扇革矣"。

　　我们仔细想想，拿在手里摇动生凉清风徐来的扇子，纵然装璜得十分精致美观，总究是一种奢侈品。不信但看有人在夏天始终不用扇子，可曾热死过他？何况古人的发明扇子，只要看"霎脯"一典，就可以明白原不作搧人之用。文绉绉朋友手里拿的有书有画之扇，其用途断难望厨房里破蒲扇之项背，所以我们可以这样说，扇子之发明，乃是为了搧火，而决不是搧人。

　　煤球炉子里只要有尚有一点未死的灰烬，加一些燃料上去，用扇子轻轻的搧几下，就会熊熊然的烧将起来！不过搧的手法，却大堪注意。因为搧得过于重了，会使余烬搧成死灰，搧得太轻了，就不肯发火。最好要搧得不轻不重，如初写黄庭，才能恰到好处。那么要怎样的学习才好呢？这就很难说，因为手法完全是经验中得来，不能编好了讲义或是教科书公告大众的。于是聪明人想出一个简便办法来，干脆就用小扇子来搧，那就万无一失了。

　　至于骂人为小扇子，么是一种象形而抽象的骂人名字。因为真的小扇子，能够搧旺煤球炉子，抽象的小扇子，却能搧起人类的怒火。无论是要好得头也割得落的朋友，有着生殖器关系的近亲远戚，只要有一把巧妙的小扇子在两者之间接二连三的搧惑鼓动，自会搧得他们意见丛生，误会重重，而致风潮迭起！假使甲乙二个朋友，本来各自稍存芥蒂，有的一把小扇子在他们两人面上一搧，那就江北旅沪同乡打话"乖乖不得了！"小则从此大英法兰西，大家不来去。大则调兵遣将，兴动干戈，打得头破血流，甚至闹出人性命来都说不定。而丙则坐在云端里看厮杀，真是优哉遊也！如丙者，标准之小扇子也！

## 二二 文旦壳子

在昆曲里对于唱青衣的旦角儿,分得很详细。据我所知道的有六种,那便是,老旦、正旦、作旦、刺杀旦、闺门旦、丫头旦是也。假使要简单一点分,就只有武头劈拍使枪弄棍的武旦,和文质彬彬专门调情的文旦两种。壳子和寡佬一样,同是上海人赐与女人的别名。那么照这样说起来,"文旦壳子"这一个骂人名辞,是属于骂女人的专用名辞了。

事实上是否如此呢?曰,未必尽然,女人固然有被骂为文旦壳子的资格,男人也有被骂为文旦壳子的可能。盖文旦壳子一语,假使照英文纳氏文法里说起来,乃是"康忙勤头"的通性名词也。

要知道文旦壳子究属何意,先要知道文旦是什么东西?文旦一名香弈,是产于厦门地方的一种水菓。漳州府志云:"柚之最佳者曰文旦"。可是上海人对于最佳的文旦,却叫它沙田柚,总之柚也,弈也,都是文旦的别名而已。

文旦同栗子胡桃一样,只吃它的肉,不吃它的壳。文旦的壳子,浑圆坚韧,色彩嫩黄,大堪玩赏。所以普通人吃过了文旦肉之后,对于文旦壳子,只要没有割破扯坏,或是文旦壳本身生得难看之外,大都就拿它来派用场,盖亦可谓废物利用之意也。

在卷烟没有盛行以前,着长衫朋友,都捧着一只水烟袋,穿短打的朋友,都衔着一支旱烟管。水烟者,吸青条和皮丝也,旱烟者,吸香奇和紫玉秋也。装水烟的器具,大都是罐缸之属,装旱烟的器具,有一种特制的有盖木碗,其专门名词叫"烟木碗"。上面已经说过,鄙国同胞是很善于利用废物的,因此文旦壳子就被当做盛旱烟的器具了,不过其名却不变,也叫了"烟木碗"。

读者看到此地,大概就可以明白,骂人家文旦壳子,即无异说人家是一只烟木碗也。然而骂人家烟木碗又是什么意思呢?我们知道,吸旱烟朋友所需要的,惟旱烟管与旱烟耳,烟木碗原是件赘疣式的东西。譬如一男一女在旅馆里谈恋爱,男的像旱烟,女的像烟管,如果有茶房在旁徘徊不去,就像一只赘疣式的烟木碗,就有被这一对雌雄挡称为"文旦壳子"的资格。

或曰,烟者厌也,烟乃谐厌之音,而文旦壳子是用来盛烟的东西,故文旦壳子就是讨厌朋友之别名也。凡是文旦壳子,大都不是善观气色的不识相朋友,例如甲和乙在窃窃私语,在旁的丙,既然事不干己,老早就该脚底下明白,走开算数,偏是此公胃口奇佳,非但不走,反有留驻一探究竟之意,如此公者,标准之一只文旦壳子也!

## 二三　白　虎

　　昨天晚上还欢天喜地，一张脸笑得像敲开木鱼，今天一清早就怒容满面打新房里出来，这不但使喜娘们惊奇不止，连左邻右舍都称奇道怪起来。后来经友好们再三盘问之下，始知新娘娘是只白虎也。王太太十八岁上做寡妇，到卅六岁上，为了抱孙心切，就替遗腹子王小乙娶媳妇。新娘子王门李氏，生得千娇百媚，花朵儿也似的一个，年纪轻轻，不懂规矩是有的，可是王太太却大不为然，于是婆媳间的勃豀时起。王小乙初尝异味，不能说恋奸情热，只能说夫妇情切，就宠妻欺母起来。这么一来，王太太气得肝胃气大发，终朝卧病在床，王小乙呢，年纪轻，吭青头，除了吃饭拉屎，一天到晚只想和李氏睡觉，三个月下来，本来白白胖胖的小蹄膀，变成了黑黑瘦瘦的哈士蟆，王太太看见了，心疼异常，越发的和媳妇感情恶劣起来，骂她是只"白虎"皮！

　　白虎白虎，究竟是什么意思？我起先也莫明其妙。后来不耻下问于桥头二阿姨四阿姐之流，据她们说："你想，一只老虎，假使它浑身生了白毛，远看起来，岂不是同无毛的一样？尤其在月光之下，雪山之中看不出来！所以骂女人为白虎者，就是说她三角田边光塌塌寸草不生的无毛女人也！在我们此地，还有一个别名，叫白虎女人为水晶壳子，那就非局外人所能知道的了。"

　　我问明了来历之后，方才明白，骂女人为白虎者，意思是骂她没毛的东西。怪不得有人早上在路上看见了尼姑，也要吐一口唾沫，因为她们的"虫骷髅"上，也是精光雪白，光塌塌一眼吭啥啥的也。不过用意又深了一层，惟认为遇到了白虎以为不祥则一也。

　　然则白虎究属是好东西还是坏东西耶？我们在尔雅上看到云："甝，白虎也！汉宣帝时，南郡获白虎，献其皮骨爪牙"。又陆玑诗疏云："驺虞即白虎也！黑纹，尾长于躯，不食生物，不履生草，君王有德即现"。魏略："文帝欲受禅，郡国奏白虎二十七见"。看了上面三条典故，可见古时对于白虎，实在是认为祥端的东西。

　　再看礼记，上面有这么二句："左青龙而右白虎，前朱雀而后玄武"。协记辩方书云："天刑，朱雀白虎，天牢玄武勾陈，为黑道六辰。天刑正月起寅，白虎起午，天牢起申，皆顺行六阳辰。朱雀正日起卯，玄武起酉，勾陈起亥，皆顺行六阴辰，是为黑道日"。又云："白虎，丛辰名，岁中凶辰也！常居岁后四辰，如子年在申，丑年在酉,其下依此类推"。二十八宿之西方七宿套娄,胃,昴,毕,觜,参,总名白虎星。官衙之东西角门,左曰青龙门,右曰白虎门,平时皆由青龙门出入,有大群囚犯,乃白虎门推出行刑焉。

看了上述诸典,我们就可以明白,白虎有二种,地上的真白虎,乃为祥瑞,天上的白虎星,方是凶神。真白虎是畜类,有形状可见,白虎星却不过是个虚名,试看西方七宿,虽然各有专名,可是你能把白虎星捉在手里当水晶球般弄白相么?

普遍人以碰着了白虎为不祥之兆,所以对于没毛的女人,也根据着这个心理而发生恶感。其实这不过是女人的一种生理变态而已!仅有头上乌丝盘顶,脸上须眉毕现,腋下春草丛生,而偏是下部作牛山濯濯状者,还不是和男人癞痢其头而丛生"子丑寅"于其余各处一样,有什么稀奇呢?

舞场里的罗宋舞女,和醉心西方艺术,抱住了圣母像恨勿得叫她阿妈老亲娘的欧化舞女,不惜祖裼裸裎以色相示人,而且为了表示她们身上的清白起见,把全身不需要的,子丑寅,换一句话说,就是除了头发眼睫毛汗毛之外,把眉毛,鼻毛,腋毛,以及唐诗人小杜之下的髻毛等,剃了个精光大吉!这是人造的白虎。更有大生嫩皮肤的男人,生恐女人多了毛要触动嫩皮肤,因此专拣水晶寡老吃,那也当另作别论。

作者的结论是:"白虎实在无关宏旨"!惟全中国二万万二千五百万中的无毛女同胞,却吃足了不生细草于香洞口而吃足苦头矣!

## 二四　电灯泡

先要来两段考据文字,考据什么? 第一:考据电灯是那一个大发明家发明的? 记得在小学里念书时候,好像在自然科学教科书上读到过,说电灯是美国人安迪生发明的。他把炭丝封在真空的玻璃泡里;炭丝的两头接在泡的上端二根金属线上,金属线又接在二个电极上,于是电经过炭丝,炭丝被烧得发热而至于白热化而就发出亮光来了。至于现在的电灯泡里,已经把炭丝改为金属丝,那是求其经用之故也。在米高梅名片,电影皇帝米盖罗纳主演的"幼年安迪生"里,我们只看到他的滥闯穷祸,和发明用火车汽笛声打电报,用大镜子放在好多火油灯面前,帮助医生替母亲开刀二节事情,并没有提到发明电灯。不过电灯是安迪生所发明,那是毫无疑义。第二:考据上海几时才有电灯的? 据我知道,是在清末民初。上海是全国得风气最先的地方,尤其是二特区里,当初是大家称之为夷场的,夷场上住的人,不用说当然以夷人为多,夷人又过不惯油盏头洋油灯生活的,其时就用一种煤气灯,光度与保险灯相仿,逐渐改良之后,光度大增,马路上也到处都用煤气灯了。可是上海人却不叫它煤气灯,普通称之为自来火。当初还闹了个笑话,市民不敢向电灯厂门前走过,以为那地面一定很热多走了会热毒攻心死于非命。

其时各戏馆里,还装着几盏大煤气灯,形式和大小,一如目下难得尚有发现的汽油灯,而且也是倒挂着的,芯子是由四五只白纱罩聚为一簇,外面装一只金鱼缸似的大圆玻璃罩,玻璃外面又网着铅线,这种灯有一种特别名字,叫做"电气灯"。其实只有"瓦斯",并没有半丝电气在内。

读者试想大玻璃圆泡之外,络着一层竹篱笆似的铅丝网,泡里亮了火,望过去雪白崭亮的,可像一个满头生癞痢的癞痢头? 那时这种煤气灯极为名贵,只有四马路石路转角,和天仙茶园门口,各有两三盏之外,别处马路上就少有出见。乡下人到上海来看见了引为奇观,又不便去问人家此灯何名? 就称之为癞痢头灯,那么反过来说,电气灯就成了癞痢头的雅号了。

自从电灯风行之后,癞痢头灯就逐渐淘汰,而且因为其少有出见也,骂癞痢头为电气灯或许人家要不懂,于是乎电气灯就摇身一变成电灯泡矣! 不过我总觉得这个骂人名词不十分贴切。为什么? 因为那怕这个癞痢头癞到如何程度,绝对不会癞得像一只电灯泡似的通明滚圆雪亮也! 因此有人骂癞兄为"奇异牌麻沙泡",这个名字,才觉得异常确切,胜过电灯泡者多矣。

## 二五 捞血党

古时候的商业情形,有八个字可以说明。那便是"日中为市,交易而退"。为什么不叫贸易?不叫买卖,而要叫交易?因为古时候没有洋钱钞票角子铜板,完全以有"易"无,实行物物"交"换,所以叫做交易。

后来因为交易的情形发生了困难,譬如有米的有八个人,可是有布的只有二个人,供应便不相称了。再如拿一斤猪肉去换人家一斤青菜,其间的价值也难平衡,于是聪明人就发明了用货币,以之流通市面,循环不息,就异常便利了。

人身的血液,由动脉输送全身,回入心房,经过肺部,与呼吸的养气化合,污血变成鲜血,再向全身绕大圈子,重由静脉回进心房,再变鲜血,这样的循环不息,动物才能生活。

两者相提而论,货币和血液同是循环不息在流通着东西,所以有人称钱为血,的确是妙到秋毫的千古不灭之喻。可惜最先发明这个譬喻的仁兄姓甚名谁?在"中国名人大字典"上查不出来,真是不胜遗憾。否则作者一定要替这位无名大发明家做一篇小传,流之后世,以供后人景仰其伟大,因为他和安迪生发明电报电灯般一样的有智慧啊!

从前也有人发明过钱的譬喻,称钱为"油水",好是不能说不好,不过总没有称血的来得确切。不是吗?一个人假使不吃油水,只吃淡括括的青菜豆腐,只不过面黄肌瘦而已,照样也能生活下去,尤其像马牛羊等只吃青草不吃油水的动物,只有比人的精神体格好,鲜龙活跳肥头胖耳的好不有趣!惟有没有了血,不论是人是畜,性命就危险在旦夕之间了。

"吸血鬼"是盘剥小民者的别号,其实他并非真的吸贫民之血,不过重利盘剥小民而已,此地也是将钱财比血,可见钱财称血,早就有人发明,不过单用一个血字,还得让还这位无名发明家!

女人家身体亏弱,红头阿三终年罢工,号头上向不上差者,便会面黄肌瘦,瘦得如哈士蟆般一只,医药名称叫干血痨。然而有时男人也会生干血痨的,岂不滑天下之大稽?荒天下之大唐乎?说明白了,就一点不奇怪,原来生在男人身上的干血痨,即是皮夹子里瘪搭搭,袋袋里摸勿出张把黄鱼头来的蹩脚朋友也,戏班子里所谓打苦哈哈的班底龙套宫女之流,大都生干血痨。例外的有了钱滥吃滥用的脱底朋友,也往往容易生干血痨,同文中肉兄邵西平,便是此中之翘楚焉。在这奢侈的社会里做人,衣食住行,皆非钱不行。没有钱,赛过新鲜活死人一样。尤其在上海这种地方,一睁开眼睛就要用钱,假使想不化钱,只有去吸吸新鲜空气,还能免费享受,其他一切就谈也不要谈起。真正生干血痨的人,倒底还能支持若干时日的生命,生了没钱的象行干血痨,他的疼苦,只怕比真正的干血痨还要疼苦十倍哩。

为了要生活,就得转念头弄血,做生意吃人家饭,到号头上拿血转去养活全家老小,这种只能称"以血易血"。因为第一个血字是血汗劳力之血,第二个血字当然即指花花绿绿钞票而言也。除了正当的以血易血之外,凡是想不劳而获,或是利用噱头,或是假借名义,或是仗了靠山,或是掮了牌头等等的敛财之道,都称之为捞血!观乎捞锡箔灰捞横塘等之捞字,即可明白矣。

捞血似乎是不正当的行为,凡是不正当的行为,大多数是偷偷摸摸干的,然而偏有人焉,不但不肯偷偷摸摸,相反的明目张胆,勾结了大批狐群狗党,公开地大捞特捞其血,像不久以前在报纸上登得很伟大,很闹猛的一件揭破捞血党之秘密事件,便是一个很好的例子和注解。捞的人杀不可恕,被捞的人双重贫血,捞的人不会死,被捞者弄得死不得活不得,倒也不要说起,算算最冤枉孽障的,还推被利用为捞血之工具也!

## 二六 象牙肥皂

中国人洗东西,以前只有皂荚和碱屑,后来才用肥皂。肥皂的种类极多,用途也各异。

普通人家买了一块肥皂,肥皂的寿命极短,因为不论其洗面,洗手,洗浴,洗衣服,洗被单,洗尿布,都要用到它,颇有日理万机任重致远之概。

考究朋友就不然了,洗面用檀香肥皂,洗手用药水肥皂,洗浴用硼酸肥皂,洗衣服用白蜜肥皂,洗被单用老牌肥皂,洗尿布用蓝花肥皂,严格规定,绝不紊乱,决不会用蓝花肥皂洗面,药水肥皂洗衣服也。可是肥皂的种类虽多,象牙肥皂之名,却未之闻也,亦未之见也。岂洋货来源断绝而市上缺货欤?

曰否,盖象牙肥皂者,刮皮朋友之代名词也。设象牙铺中而果有象牙肥皂出售,我们买了来,也只能对它看看,因为那怕用足了力气擦,始终擦不掉它一分一厘也。

假使要举一个例,譬如有某甲其人和朋友一同上馆子,点菜吃菜,比人家精明,比人家迅速,而且胃口奇佳。人家都已吃好,他还在吃稀饭,人家叫开账,他连说:"我来!我来!"人家钱已付讫,他还在摸皮夹子,皮夹子不知是否藏在贴肉汗衫袋里,所以等到他摸将出来,朋友们已经走到扶梯旁边了。如某甲者,标准之象牙肥皂一块也!

我们可以这样说,有象牙肥皂美名的朋友,如果是尴尬朋友,倒也要原谅他几分,假使是在寡老面上钞票邪气爽气,在朋友面上括一钿是一钿之徒,还是远而避之为上策也。

## 二七 皮条客人

在杭州西湖边上,有一个月下老人祠。凡是上杭州游西湖的朋友,除了七老八十岁的"恶而蛮",十六岁以下的小巴戏之外,青年男女,没有不到这个祠里去要子要子的。作者还曾经看见过西装穿得笔挺的朋友,照样在行三跪九叩首大礼,或是捧了签筒喃喃祝告的,这不能不说是一个异迹吧!

我起初不懂青年男女们,为什么对月下老人如此有好感?后来查了续幽怪录方才明白,原来"他老人家是一位专司结缘之神,唐韦固旅次宋城,遇老人倚囊坐,向月下检书,问囊中赤绳,云此以系夫妇之足,虽仇家异域,绳一系之,亦必好合!"怪不得毛头小伙子和黄花大闺女们,要对他老人家发生好感了。

月下老人倒底是否真有其人?他姓什么叫什么名字?无从稽考。不过他做的这种行为,却被人家学了样去。全中国各地都有,男男女女都做,而尤以上海地方最流行。他们也在牵引旷夫怨女成双作对,不过他们的牵引工具,不是赤绳而是皮条,赤绳是牵的,皮条却要拉的。因此凡是替一男一女接丝头,牵线头,作撮合者而以月下老人自居者,皆被人家骂为"皮条客人"。如八仙桥头各门口之水手,普渡路,南阳路,祥康里,镛寿里,马立斯等处之四阿姐,小阿姨,过房娘,以及向导社跑街,栈房里堂口等,皆真家实货之皮条客人也。

我们再想一想,为什么要把系赤绳改为拉皮条?要回答这一个问题,只要看现代的建筑好了。古时的建筑物是竹篱茅舍,禁不起一阵大风,就要吹倒了,现代的建筑物,动辄几十层的钢骨水泥大厦,只要没有极强烈的地震,决不会轻易倾斜颠倒。月下老人的赤绳,想来一定是棉纱线做的,那么品质自然脆弱,系在男安的足下,稍稍用一点劲道,就要一绷两断。所以上海地方的摩登月下老人,就改用皮条以代赤绳,这与钢骨水泥代替竹篱茅舍一样,想教他们千年不毁,万年不朽,恩重如山,情深如海而已吧。

皮条客人的产生,只限于姘头搭角的野鸳鸯,自由恋爱的文明派,正正式式的花烛夫妻间,只有媒老爷媒太太,决没有皮条客人的立足地。假使有人请你去做媒人,你若对人家说:"蛮好蛮好!我一定遵命替老兄的千金拉一次皮条"!那我敢保险你必将吃着巴掌回来也。但是你也不能对你的朋友说:"我替你拉皮条好哦?"那他也会饱你以老拳的。

照理想想，用皮条代替了赤绳以牵合男女，他们应该永谐白首，决不会中道分离的了，岂知事实上适得其反，凡是由皮条客人拉成的鸳鸯，能够维持长时期爱情的，十分之一都不到。大多数是今日姘，明日拆，甚至只求春风一度，马上各奔东西的，其故又安在耶？据桥头大块头阿姨告诉我说："实在皮条两字，都写成了白字，皮字应该写成从'尸'从'穴'，音'比'平声，条字应该写成从'尸'从'吊'，音'刁'上声。这两个字的发音和皮条相似，而且真正把原字原音念起来又不大雅致，所以拉比吊弄成拉皮条了。"我听了一想照啊！这样解说，不但回答出了野鸳鸯不能长期相爱之理，而且无异给皮条客人这个名字又多了一种注解。盖皮条客人者，实在不过把男人的那只鸟，女人的这张皮，拉拢在一起玩玩而已，玩过明白之后，自然大家要各奔前程了啊！

皮条客人文不能拆字，武不能卖拳，照算只好去压弄堂做瘪三。然而他们偏偏有了一双善观气色的"照子"，两只玲珑巧妙的手腕，只要苗头夹准，鼓动如簧之舌，既能使雌雄挡双方皆大欢喜，复能使自己的皮夹子里钞票飞进，王宝庆所谓"勿犯本细利息重"者，皮条客人有焉！

现在，这个骂人名字，似乎又落伍了，为的是知道的人太多，骂出去人家大家有数。聪明朋友最近又有一个发明，以"电灯司务"来代替皮条客人。初听了或许会莫明其妙，不过你仔细想想，一定就可以恍然大悟。盖电灯司务最大的任务是接电线，电线有阴有阳，经他一接，就能发亮，尤以装临时电灯为更贴切焉！

## 二八 垃圾马车

　　自从汽油来源中断,公共汽车停驶,私人汽车限制使用以来,马车又有复兴的现象。殊不知二十年前,汽车尚未普遍使用之际,马车本来是一种最时髦的交通工具。当时国人的心理,除了香烟要吃大英牌,白相要到大世界,姘头要轧大小姐之外,看影戏,吃大菜,"哼诗谜",也算是三大新奇的玩意儿。好像不看影戏,不吃大菜,不哼诗谜,便像现在日上的不会跳舞一样,不能算是出锋头的时髦朋友一般也。

　　"哼诗谜"可是真的打诗谜打不出而唱哼哼调乎?曰:"非也!非也!"哼诗谜者,英文之译音也,作马夫解,意思就是坐马车也。当时坐马车游张园,安凯第品茗,真是一件时髦透顶的玩意儿!后来有了电车,有了汽车,马车才逐渐淘汰,其剩余的几部车子,上焉者也不过给人家做送丧时客人坐坐的车子,其下焉者就改成为装装垃圾的车子了。

　　到如今民国三十一年,装垃圾的车子也改用了卡车,可是垃圾马车的这个名字,却依旧流传于人口,似乎还没有和真的垃圾马车一同消灭。此何故欤?曰:"盖垃圾马车已还被聪明朋友采作了骂人名字之一也。"

　　骂人家垃圾马车是片么意思呢?曰无异骂人家滥污三鲜汤或是猪头肉三勿精之意也。譬如某甲,他京戏也会唱唱,小调也能哼哼,洋泾浜的"英格里去"也懂两句,阿那搭的和文也识几个,便有被人称为垃圾马车的资格。讲到女人,则其人说起来既不在八仙桥门口里贴照会,又不捐了照会做向大人,只是在交际场中滥搭芯子,不管山东人也好,印度人也好,小三子也好,小六子也好,只要是男人,身上比自己多一件东西的,她都有胃口,弄得至善之地像宁波人打话"糊达达"而一搭糊涂如浆糊竹筒者,标准之垃圾马车一辆也。

## 二九 花　瓶

　　在南京路上，有一家化妆品店，叫家庭外么社的，天理石的门面，大玻璃的橱窗，柚木打蜡的地板，如同白昼的日光灯，派头不亚于四大公司。这种店铺，委实不能在店名上加"家庭"两字。

　　虽然家庭有大有小，不过普通说起来，一家店铺而称到家庭化者，一定小得一眼眼。往往客堂间就算店面，厢房就算栈房，男人做会计主任，阿舅做送货司役，家主婆包杂货物，千金小姐应酬顾客。拖鼻涕阿二阿三，一个做拉门小郎，一个扫地洗痰盂打杂差，人人都有职务，人人不吃白饭。这种家庭化的小店，别名也叫夫妻老婆店。

　　须知家庭化的小店里，老板往往叫妻女应酬顾客者，其目的原不过想藉此不用伙计，岂知竟会收到了意想不到的效果，吸引了许多醉翁之意不在酒的顾客上门，生涯因之而大盛，这岂是老板之流们所始料能及哉！

　　有了一家如此，别家当然也是如此。于是好事之徒，便替她们上了许多封号，什么豆腐西施，饭店西施，水果西施等名称，西施们也因之而着实享过一番盛名，艳迹宣传人口，和西施有过交情的，当然格外沾沾自喜，至于想不到手的癞虾蟆之流，也惟有望"施"与叹而已。

　　当西施这个名称流行的时候，还远在民国以前的专制时代，黄毛丫头除了称西施之外，实在也没有什么其他别号好称。假使称之为啥啥美人吧，文艺气息太重，不能为普通人所了解。称皇后吧，那是要犯杀头大罪的，所以东也一个西施，西也一个西施，如蜜司脱杨乃武所眷恋的小白菜葛毕氏，便是一个豆腐西施。到了民国时代，真的皇后没有了，假的皇后却如雨后春笋般起来了，这些皇后是什么路道？即有西施雅号的那班蜜水和密雪水也。不过无论其为西施也罢，为皇后也罢，在一般人的眼光里看起来，其为活招牌者则一也。

　　招牌是招揽顾客上门用的，活的招牌，其招揽顾客之效力，自然格外宏大！其中倒底有什么理由？只消看两句古典便知端的了。

　　五灯会元云：僧问慧然，如何是祖师西来意？曰：臭肉来蝇。

　　了然碣曰："蚁子解辱腥处走，苍蝇偏向臭边飞！"

　　臭肉引苍蝇，蚂蚁要寻腥，这是动物的天然欲望。人也是动物，不过等级较高而已,低等动物有欲望,高等动物当然也有欲望,为了要满足这个天然的欲望,于是买客只拣有女职员的公司商店里跑进去了。

灯由油盏而进化到火油灯,由火油灯而进化到汽油灯,由汽油灯而进化到电灯。女店员女职员的别名,也和灯一样,由西施而皇后,由皇后而一变为花瓶矣。

记得有过这么一句诗,何人所作,记不得了。诗曰:"儿女纷陈似鼎彝"。鼎彝者,古董也,如果是汤盘周鼎等东西,那不但是古董,简直是国宝了。可是古董的价值,虽然连城,究其实际,则那怕你是汤盘周鼎,其用处或许还不及一只搪磁面盆来得大。其惟一的用处,只能陈列在厅堂上做高等装饰品,有了些东西,好像是比较富丽矞皇,没有,也没有什么关系。那位诗人做这么一句诗,初看似乎胸怀很旷达,其实却是一句十分伤心的话,因为他的观念,恰巧和"有子万事足"相反也!至于花瓶,在古董里也是重要的一件,古董既如此,花瓶当然也免不了"有仔好看点,呒没亦呒啥道理"之义,不过老板们的心里,或许不作如是想耳。

老板们要用的花瓶,除了妻女之外,另有副作用在焉。盖花瓶虽说无用,倒底尚不失为一件高尚东西。你可曾见人家把花瓶和马桶夜壶一起并列的?也不曾看见它和油瓶醋瓶一同放在厨房里去,只有放在天然儿上百灵台上,插了几朵鲜花在内,供主人入目,闻闻香,譬如叫一个长期向大人,搭搭眼药,那又何乐而不为呢?

就是丢开了老板而言花瓶本身,她们到公司行号甚至店家去做女职员,目的原不在乎区区薪水,薪水只怕给她做头发买化妆品都不够,其最大任务,不是想"坐台招夫",便是想荣任朝阳码子的姨太太或是儿媳妇也。

## 三〇 活 马

要知道活马是什么东西？先要明白马是何种动物。马是哺乳类奇蹄类的一种动物，头小面长，耳壳直立，颈有鬣，尾丛生长毛为总状，四肢长，肢各一趾着地，趾端有蹄，为草食性，故曰齿颇大，大齿惟雄者有之，然亦甚小，性温顺，又善走，乘用，军用，农用等俱宜，我国蒙古新疆等为著名产马地，外国以阿剌伯产者为最良。

马而假使只能给人家作为乘用军用农用，这种马自然称不得为活马。这好比人一样，只会吃饭拉屎睡觉者，那里可以称之为能干朋友？然则要何等样的马才能称为活马呢？曰，要像马戏班里的马一样，不但善伺人意，而且会得做戏，才足以当"活马"之衔而无愧，否则，直死马一只耳。

然则马戏又是什么一局戏呢？通俗编徘优篇云："三国志甄后传注，后年八岁，外有立骑马戏者，家人皆上阁观之，后独不行。"看了这两句东西，我们只可以知马戏在三国时候已经有之，甄后自幼就秉性庄重，不肯轧在人淘里去看那种不登大雅之堂的走江湖马戏。倒底怎样才叫马戏？注中并未说明。那么再来看一段旁的马戏考据文字。北史麦铁杖传："沈光善马戏，为天下冠"。梦华录详其戏云："先一人空手出场，调之引马。次一人磨旗出马，谓之开导旗。或执旗挺立鞍上，谓之立马。或以身下马，以手攀鞍复上，谓之骗马。（按骗音遍，跃而乘马也，见集韵）。或用手握定镫袴，以身从后鞦来往，谓之跳马。忽以身离鞍，屈右脚挂马鬃，左脚在镫，谓之献鞍。或以两手握镫袴，以肩著鞍侨，双脚直上，谓之倒立。忽掷脚着地，倒拖顺马而走，复跳上马，谓之拖马。或留左脚着镫，右脚出镫离鞍，横身在鞍一边，左手捉鞍，右手把鬃，存身直一脚，顺马而走，谓之飞仙膊马。又存身拳曲一边，谓之镫里藏身。或右臂挟鞍，足着地，顺马而走，谓之赶马。或出一镫，坠身着鞯，以手向下绰地，谓之绰尘。或放马令先走，以身追及，握马尾而上，谓之豹子马。或横身鞍上，轮弄利刃或重物大刀双刀等谓之嬉马"。

北史所载，完全是国产马戏，而且大半是著重在骑的人而不若重于马。七八年前到过上海的海京伯马戏，就人马并重，外加再有狮虎海狗，滑稽歌舞等穿插在里面，就格外觉得好看了。其中有几场还有马伯伯的单独表演，像这种马，不是活马而何？照这样说起来，活马这个名字，不过是称赞马的一个美名而已，和骂人又有什么关系呢？原来上海人除了称女人为壳子寡老之外，往往把马来代表女人，意思是因为女人和马一样,同样是给人家骑的跨下物也。

我们往往可以听到这样的对白:"小王!昨日仔只隔年蟛蜞滋味那能?""喔唷!勿要说起!迭只寡老看看伊死样怪气,勿壳张倒是只活马!幸去得我还有点道行,勿然真要变成一搭括仔五分钟哉!"或:"老张!前面第三排当中坐拉海着织锦缎旗袍格只寡老,阿好搭我想想法子,动动伊脑筋看好哎?""阿弟啊!我看侬还是太平点,省省哎!迭只寡老侬晓得啥人?就是大家叫伊活马老三格小玲珑三媛呀!侬迭种搭浆身胚,那能骑得上去?就是拨侬骑着仔,包你像马鞍梳妆台,顶多只有三抽头!"

从这二节对白里看起来,我们就可以明白活马这个名词,是限骂于女人地界的。男人除非到红脚桶里去再翻一次跟斗,否则决无被骂之资格。其次,这一个骂人名词,和其他骂人名词又不同一点,盖一半固然含着骂的性质,而一半却实在有些称赞之意在内也。

活马的意思,现在我们明白了!可是这只马要活到如何程度,才配给人家称为活马呢?在现在,脱底棺材邵西平笔下镛寿里的密水沈,据说有"空中飞人"的技巧,详情如何?作者没有临床实验过,不敢瞎说。不过从前在八仙桥的红肉小青青倒的确是一只道地药材的活马,不要说别样,单拿她的"草纸表演"来说,已可以见到她床第功夫之一般。草纸表演是这样的,在床上放好一叠如厕用的草纸,她往草纸上一坐,身体一扭,臀部用力一转,这一叠草纸马上会转成图案式的一个多角形圆圈圈,张张草纸的距离而且还能相等而不差毫厘,这是一种软功,讲到硬功,她能把双脚向天举着,左右各顶一人而伸降自如,骑过这种活马之后,试问谁再高兴去骑"听×"之死马乎?

不过话又得说回来了,活马人材,小半是天赋,大半却完全是人力。家中黄脸婆,一天到晚忙着轧米轧煤球,替阿大补袜子,替阿二汰尿布,试问还会有什么功夫,像本报静厂先生般的去研究这种大道理?就是有钱人家的奶奶太太之流,看戏打牌都来不及,也无暇及此,只能死板板地奉陪阿大笃爷例行一次周公之礼算数。那就怪不得跳舞场,会乐里,八仙桥等处的生意要好得热昏了!呵呵。

## 三一　隔年蟛蜞

记得有一张影片的广告辞句云："有了女人，天下太平，多了女人，鸡犬不宁！"可见得女人这样东西，委实是件既少不来，可是又多不得的东西！

上海虽不是镜花缘里的女儿国，可是女人之多，甲于全国！有罗宋女人，有花旗女人，有广东女人，有苏州人，惟其女人之多且众，于是女人之代名词便层出不穷焉。如寡老也，壳子也，马也，蟹也，皮也，雌头也，便琳琅满目，美不胜收焉，隔年蟛蜞者，其中之一而已。

称女人而不曰密水，觅雪水，累得死，姑娘，小姐，奶奶，太太，必欲以代名词称之者，便有些不含好意。易言之，就带点骂的成份在内，隔年蟛蜞自然也不能例外。下等动物和植物之须隔年生者，生成之后，人们往往在它的原名上加以老字。如老田鸡，老甘蔗，老芋艿，老蝴蝶等便是，故隔年蟛蜞者，即老蟹之谓也。

拿蟹来代表女性，不知是那一位大发明家发明的？称年纪轻的小姑娘为小蟹，称年高德不望的女人为老蟹，惜乎没有介乎老小之间的中蟹，未免遗憾！至于不叫老蟹而叫隔年蟛蜞者，打灯谜式之会意格也。拿女人比蟹，都是下流人的口吻，衣冠楚楚的尖头鳗之流，决不会说出这样荒唐的话来。因为这个名词，实在有些不登大雅之堂，非但当了女人的面说了，要惹奶奶太太们动气，就是朋友淘里谈话，偶然嘴里落了一只蟹出来，也要被人家嗤之以鼻。据说蟹是蟛蜞大了变的，是否如此？不得而知。假使果然如此，那就格外觉得以蟹比女人的贴切了！女人从拖鼻涕穿开裆裤的黄毛丫头起，几个寒来暑往，便出落得婷婷秀发，明眸善睐了，可是一过风信年华，就要起人老珠黄之感，蟹起过秋风，就要褪壳，卸下旧甲，重换新壳，于是去年之蟛蜞，乃成今年之老蟹一只焉。

凡是动物，都有御侮的武器，如牛羊之角，虎豹之牙爪，毒蛇之齿，螳螂之臂，蜂虿之尾，龟鳖之甲，都是天赋的利器，用来抵抗异族之侵略者，亦即凭之而竞存于世间者。蟹的自卫武器，就是那一对大螯，螯能开能合，像剪刀一样，所不同者，剪刀口是光的，螯口却另生缺齿，像机器匠电灯鳗用的夹钳一样，夹住了东西，死也不肯放松，小鱼小虾被它一夹，马上可以身首异处，然后被它慢慢的钳送到嘴里去咀嚼。据米蛀虫的同乡阿发哥说："宁波海里的苏紫青蟹，最喜欢夹海参。在海滩上常能看见似硬实软的海参，被苏紫蟹夹住了当点心吃"。准此，则将蟹喻女人，大概是随

"阿拉","沙希","柴弄弄","柴难敖"等宁波土白同时输入上海人的嘴巴。意思就为蟹螯之善夹海参,借此以形容女人身上的某种器官也!试想这是句多么恶形恶状的话?怪不得高等华人不肯轻易出口了。

化妆品在乡下的销路,远不及都会里广。上海是全国数一数二的大都会,化妆品销路之广,消耗之盛,国内任何都市都不能望其项背。因此上海地方的女人,不要说奶奶小姐舞女向导之流,要把妆饰门面当作日常功课,连得娘姨大姐辈,也是你也一瓶雪花膏,我也一盒胭脂膏了。惟其如此,所以我们往往可以在马路上看到,背后形只有十七八廿二三的摩登蜜水,头发飞机式,油条式的奶油电烫,身上织锦缎,羊毛呢的旗袍,长统肉色丝袜,三寸高的高跟皮鞋,袅袅婷婷,步步生莲,急色儿马上夹屁股甲乙内,不料蜜水偶然回过脸来,不禁连吐三口馋唾,暗暗骂道:"原来是只隔年蟛蜞"!此并非色兄之"罩子过腔",实在此蟹之化妆出神入化也。

再如站在电线木相近,喊"到阿拉屋里去白相一歇"的野鸡们,在暗淡的灯光下看看,面孔都像吹弹得破似的。吃饱了黄汤的短打朋友,极容易被她们勾引得去。如鱼得水之际,倒也不觉得什么,最害怕第二天一早看看,面孔上电车路密布,发秃齿落,外加残脂剩粉像面条般嵌在皱纹里,此时即使大呼上当,断命老蟹却不再来拉你了。

大概隔年蟛蜞是专骂那些年老心不老,冒冲童子鸡,一门心思要夹嫩海参的老妖怪而言,男子中十人倒有九人见了横点头。其余一人有胃口者,不是偶而兴到尝尝异味,便是存心靠皮吃饭的拆白之流也!据我的朋友不是胡适之说过,搭壳子欲搭隔年蟛蜞,其初步工作为拜之为过房娘云云。确否则须待证焉。

## 三二 曲 死

清朝的辫子,当初不知是怎么发明的?把头发的四周剃光,中间留着一绺长发,平分三股,编成辫子,垂在脑后,真像一条"光亮的尾巴"!这种装束,既不美观,又不便利,想出这种打扮来的人,怪不得要亡国!

当时虽然人人有条辫子,可是梳法却分二种。凡是劳动阶级,都将辫子盘在头上。盘法又分两种,一种是将辫子折叠,用辫线系住在脑后,名曰"得胜结"。一种是把辫子盘绕在头颅四周,好像盘着一根带子在脑壳上,因为打的是松辫,所以盘绕的时候,那松的部分自会生出一个粽子形的角来,名曰"出角辫子"。至于斯文朋友,不过梳一条油松大辫,饰理得乌油峥亮。光可鉴人,拖在脑后,决不盘在头上,盖所以有别于下级同胞也。

乡下人初到上海,看见上海人没有把辫子盘在头上的,便觉得自己的得胜结,出角辫子不很雅观,于是在自形羞惭的心理之下,马上也把它放下来垂在脑后。但是他们的辫子久经束缚,一时不容易恢复原状,解放以后,依然度曲有致,看他们辫子曲度的深浅,就知道他们来沪日子的久暂,所以上海人目初到上海者为曲辫子。由曲辫子推而广之,再由于光复以后全国各地人士都把辫子付诸并州一剪,因此慢慢的就不叫乡下人为曲辫子而叫阿曲,再进而化之,阿曲又变了"曲死"矣!故骂人阿曲者,意思就是说此公是卵勿懂一只的乡下人之流也。

其实照作者之意,乡下人天真率直,并没有什么可笑之处,可是上海人却一定要把乡曲资为谈助,当作消遣品,其故安在?莫测高深,莫明其妙。

据作者观察,一般人口头上所谓乡下曲死也者,大概指其有三种特征也。一种是说乡下人是野蛮的。乡下人黑皮肤,多毫毛,蓬头赤足,尘垢积得很厚,面上多皱;有少数恶而蛮还留着一条猪尾似的小辫子。从外表上看起来,乡下人最近似未开化民族。而且他们的生活又简单得可以,住茅屋吃野菜,衣土布,穿草鞋,点油盏灯,冷天烘毛缸火盆,热天熏艾蓬条,裸着下体,束裤子用麻绳,扎袜用稻草,他们最容易患赤眼,癞痢,疥疮,癞皮疯,羊痫疯……但没法医治。香灰是他们的百灵丹,重伤风出卖一下就算了!与野蛮民族又有何异?

一种是指乡下人是低能的,呆子,戆大,阿木林,阿土森,呆女婿,瘘阿鼠,都出在乡下。他们间都沾着乡谊。每一个乡下人都是土头土脑,他们不是笨伯,便是饭桶,一窍不通,目不识丁者,比比皆是。说一是一,美名老实,举一反三花言巧语一世也学不来。他们的小学是私塾,中学是民众夜校,大学是乡村师范,有谁在县立中学里毕了业,或是在上海洋学堂里念过书,简直是留学生了!乡下老会向电灯泡上吸旱烟,看了电影叫鬼出现。凡此种种,十足地显出其低能也。

一种是指乡下人是轻贱的,因为他们大都是种田胚,捉狗屎,挑臭粪,样样要做,嘴里一口臭蛆喷,骂娘带姐,简直不成体统,上海人听了要作三日呕。他们又不懂得面子和名誉,也不懂得什么叫人格,他们从不说"我们可以拿人格来担保!"因为他们都是愚夫愚妇。

因为乡下人无异于野蛮民族,他们不懂得卫生,但是身体尚称康健,做牛做马,倒也精神充作。他们不会心生心脏病,糖尿症,贫血症,神经衰弱等,这倒是值得研究的问题!因为是低能的,所以处处稳稳足足,诚实可靠,不会口是心非,自作聪明。因为是轻贱的,所以生性率直,无拘无束,态度和蔼可亲,衣饰朴素无华,显得天真活泼,热诚真挚,不会假仁假义,虚文崇礼,更不会摆架子,吹牛皮,出风头,拍马屁,这些都是实在的。可是也无伤于大雅呀!这是都市里人要看他们不起,尊之曰曲死,能不冤哉!

但现在上海地方的曲死,已不作乡下人,曲辫子解,变作一种普通的骂人句子了,往往在猪头三客人,接着就奉赠一个曲死头衔,意思骂他无知识而已。

曲死出自美人的香口,就变作"曲家里",或是"阿曲"等名称。有些爱情浓厚的夫妇,竟用阿曲来代替阿大爷的称呼,那不是骂人,是肉麻了!

真真曲家里,天生如此,倒也无可厚非。最恨那些门槛全精的精明朋友,碰碰假充曲死而自肥,那简直杀不可恕了。

## 三三　过期票子

　　上海这个地方,可以说是"票"的世界。跳舞要买舞票,乘电车要买车票,看戏要买戏票,做生意要开发票,吃花酒要买花票,包车夫要桥饭票,穷人袋里独多当票,告化子钉牢仔讨角票。大少爷唱戏叫玩票,倌人凑浴捞一票。干血痨朋友拼命买发财票,写意朋友买跑马票。狗迷只知跑狗票球迷但晓回力球票。横也票来竖亦票,其实为来为去还不是为了两张花花绿绿的钞票,甚矣哉,钞票诚万能也!

　　照这样说起来,钞票是人人欢喜的东西了,只要不是还在吃奶奶的小巴戏,谁也不会厌恶钞票。可是事实上是否一定如此呢?那倒也未必尽然。如果市面上游资充斥,筹码宽裕的时候,大家又会讨厌钞票了!假使你在此时带了五千或是一万元的钞票去存银行,铜栏干里的朋友会断然拒绝收受。要付几百元的钞票给电灯公司,他们也不肯接受。其惟一理由,只为点起来费时间,假使人人带了钞票来,每天办二十四小时公也应付不了。话呢的确说的不错,可是有什么简单一点的方法么?有!那便是用支票也!有了支票,那怕你要付阿拉伯字码后加上十个八个鸭蛋的大数目,只要银行里存款充足,受票人总归哑凯。因为支票有这样的便利,于是上海人之喜欢支票,便不亚于钞票了。

　　据中国票据法之规定,银行支票仅有十二个月的时效。若持票人逾期不存银行,不提现款,该票即失效用。除非持票人提供相当保证,不能再向银行取钱。其实拿到了支票而不派用场的人,在目下可以说一声决不会有这样的呆虫戆徒!除非是存款不足的退票,那么不论是即期也罢,远期也罢,永远等于是一张不为人重的废纸。

　　支票须有十二个月的长期,才能称之为过期票子,过此以后的票子,觅得保证,居然还能取钱。其他如舞票,戏票,球票,狗票,马票,车票等,时效就非常短促。有的当天还能有效,有的一过几小时,或是几分钟,就算是过期票子了。

　　比较时效长一点的,还是发财票和当票。发财票大概是一月为期,开过奖后,也就成了过期票子。至于当票,最大的当铺,十八个月为满,满期以后宽放十天,过了这十八个月又十天的期限,那时即使是值百当一的票子,也成为废纸了。如果是三个月为满的押头店当票,那更容易成为过期票子!

　　然则,人家过期票子又作何解呢?曰,意思就是此公之无用,一如过期票子之等于废纸一张也！因为过期票子的新名词,就是"时代落伍者",骨董越古越值钱,人却和票子一样,越过期却越无用场。和过期票子对立的,当然就是即期票子,俗称时髦朋友或是摩登朋友,新名词就叫"时代青年"。姑不论其票子之为即期为逾期,总之票子的吃香,就在乎一个"时效"问题。假使把票子以代人的说话,那么最出锋头的朋友,不是太跑在时代前头,被少数人尊称为先知先觉,同时却被多数人目为疯子的张三,也不是在火车轨道上打倒车,样样腐化陈旧冥玩不灵的老朽李四,而是永远不先不后站在时代水平线上的得时朋友王老五。

孟老大曾经为孔老二下过这么一句评语:"孔子,圣之时者也!"他真可说得是孔老二先生的知己了。为什么？因为同是周游列国的说客,同是著书立说流传千古的诸子百家,何以一切他子的风头都没有孔子健？只有让他一个人做了千年帝王之师,至今全国人民都还尊称他"夫子"而不名,连得友邦文人墨士都对他表示敬意,就因为他得了一个"时"字的秘诀也！

谚云："识时务者为俊杰"。得其时者飞黄腾达,名利双收,子孙万代,功业千秋。失时朋友,毕的生水,转尽念头,常孵豆芽,弄得走油,顶子碰进牛角尖,霉头触到印度国。孔夫子假使能活到现在,他一定抱了路黛琳大跳其准标舞于梅谷米舞厅也。

所以总而言之统而言之一句话,要不被人家骂你为过期票子,就得识时,换一句话说,就是"要适应环境"是也！

## 三四 千人坑

坑是什么东西？曰："堑也，壑也。"玉篇引，庄子云："在坑满坑"。这个解释太古典化。还是旧小说上的"……在地上掘了一个大洞，上铺草物黄沙，周将军和贼将大战三十回合之后，佯装不支，拖刀而逃，走到陷马坑前，一踪而过。贼将不知是计，紧紧的催马赶来，不料行至坑上，顿觉马足发软，喊声不好，早已连人带马跌下坑去！……"此处的陷马坑，以及猎人捕捉虎豹等的陷阱，即是道地的"坑"也。

普通对于坑的解释，大都是指圊厕而言，说得再明白些，便是容纳尿屎粪便的坑缸也。坑缸多数筑于荒野之处，为便利行人便急而设，路上的行人，每天也不知有多少要光降到茅坑上去，若是此坑年代久远的话，光降的人，何止千百？此坑名之所以欲称千人坑也。这种说法，如嫌其尚不确切，那么就来看二节古典。

史记项羽本纪云："羽诈坑秦卒三十万。"又秦始王本纪云："从李斯议，非博士官所职，有藏诗书百家议者，悉诣守尉杂烧之。又始皇欲求仙药，召文学方术士甚众，终不得，庐生等复亡去，乃大怒，坑杀诸生数千于咸阳"。

前者一坑可死兵卒三十万，后者一坑而数千人像"黄老老跑进了江公馆"。黄老老还会有上海人尊之为倒老爷的粪夫去请它出缸，尿屎腾腾的诸生却一去不复返了。不过坑上冠以千人两字，似乎像商标般注了册矣！

坑起初只容纳大小便，可是乡下人最爱惜物力，觉得白白的把黄老老送给造坑朋友，未免太不合算。因此那怕急到如何程度，宁可忍一忍，回到自己家里去出清存货。这么一来，公坑的收入骤减！行路人又不是个个过坑必入的，因此慢慢的，渐渐的，毛坑有了兼职了。

毛坑兼什么职？曰：容纳垃圾是也。它不兼职的时候倒还好，一兼了职，可臭气冲天了！读者看了这一句，或许要说，东西之龌龊者莫如粪便，垃圾难道比粪便还臭？其实粪便之龌龊程度，还敌不过垃圾。因为粪便虽臭，尚得臭之正味，臭得还单纯化。可是垃圾这样东西，五花八门，无奇不有，正像毕氏昆仲吃的"并百汁"，杂鸽乱盘，不知所云，它发出来的臭气，真叫说不出话不出的难闻，比粪便之臭，奚止十倍。

兼职的毛坑里，包罗万象。上至尼姑寡妇半夜里抛弃的私生子，死猫死狗死老虫，下至娘儿们用过的"红鬃烈马"以及涕唾秽水等物，无不应有尽有。旧小说上往往教人家用黑犬乌鸡之血去破除妖法,其实拿垃圾坑里的东西去对付妖邪,一定要比犬血鸡血灵验十倍,谓予不信,不妨一试,管教牛鼻子道人见了倒躲不迭,大罗神仙见了向后转开步走,盖千人坑竟无异是一只藏秽纳污的千样坑也。有一句俗语,叫做:"拉在篮里就是菜。"意思是说一班不管三七廿一的烂污朋友,看东西勿带眼睛也。其实如果拉一把稻柴花壳在篮里,假使不是荒年,决不会有人把它当菜吃。惟有在千人坑里,无论是人参燕窝,珍珠宝贝,一倒入坑,都会变成垃圾。千人坑雍容大厦,包收万物,一视同仁,不分轩轾,固无异是一个来者不拒的大集团也。

因为速人坑能容纳多方面奇奇怪怪的东西,所以有人把它比做是不可闻也的臭胚。好许多女子天生贱种,凭了身上一只活元宝,不管长的,矮的,瘦的,胖的,粗的,细的,她都有胃口,自以为身上有了个烂膛,便可以到处逢到饭堂。这一个愿望,或许可以给她们如愿,可是名气之臭,还有什么话头?故千人坑者,专骂滥施肉体之爱的滥污壳子也。

上海地方有大部份女子,为了几张花花绿绿的钞票,在举行着"献宝典礼"。也有好许多女人,为了要满足一己的天然欲望,天天在玩着"落蓬巴戏"。

或许有人要奇怪,其实假使没有此辈,千人坑这个名字也不能成立了。

好许多争风吃醋尖刀相会的风流血案,多半是由千人坑所造成,若无千人坑,法院里无须用好许多推事了,至少有一部份大律师要弃行改业,小说家和小型报要大量减少,千人坑看来和上海的市面倒大有关系?

千人坑多多益善,是个博爱主义的实行者。但是要捐到这个头衔,倒也非轻容易!没有大无畏的精神,没有不惜牺牲的勇气,决不能得到这个荣誉衔。至低的程度,也得从和人家偷试云雨开场,中间做过挂名的女学生,只拍小照不上镜头的女明星,贵族庄花,舞女,交际花,阔人的姨太太,汽车尖的妍头,最后由淌白跌到野鸡,然后驾返瑶池,才够得到给史家在铁笔底下写这么一句:"如觅死某者,真价实货之千人坑一只也"!

封神榜里的周文王,据说生过一百个儿子。作者替他老人家扳指头算算,至少得娶二十个老婆,才能有此成绩!武则天女士做皇帝,淫乱宫庭不知被她玩弄过多少男子。假使要说周老头子像浆糊瓶里的毛刷那么则天老蟹便是只标准的千人坑!

最后我得告诉一声读者诸君,你们不要以为千人坑是臭而不可闻也的东西,在外表上看起来,衣服之华丽,香气之馥郁,神采之飞扬,或许在在能驾正式人家人而上之。只有她身上某一部份,才宽如爱多亚路,恶臭如浙绍人士所爱吃的臭乳腐,霉千张,咸黄鱼也!谓予不信,则乔国老,向大人,何塞嘴们的手提皮夹里,多的是花柳药品和纱布药水棉花,便是一个明证。

## 三五 寿 头

穷人的人生观,只求衣食住行敷衍得过,便算上上大吉。富人的人生观却就不同了!希望要福禄寿喜来一个富贵不断头,才觉得不虚度此一生。

固然一个人能够福禄寿喜连绵不绝,是最合乎理想的生活,希望他如此,也是最欢迎不过的。但是对于上海人,恭维起来就得留意,只能说他"好福气",不能说他"好寿气"。

本来祝人长寿,并无恶意,但是你对上海人说他寿,他就要反唇相讥了!这马屁拍在马脚上之故安在呢?曰:因为上海人嘴里的"寿"字,不作长寿解,乃是作"傻""呆""戆"等解释的也。

算算呆子未必长寿,聪明人也未必一定短寿促命,初听了真要莫名其妙。其实你只消对这个寿字仔细看上一看,包你就可以明瞭。盖寿字有一个土字头,城里人称乡下人为土头土脑,上海人称乡曲曰"曲死"曰"寿头码子",故骂人为寿头者,无异是说他一眼勿懂啥的乡下曲死,那就怪不得被称为寿头的朋友,要跳起来勿领盆了!

寿头的祖师,看来要数到南极仙翁。至于在南极是否有这个仙翁?作者就不敢担保。南极仙翁倒底姓甚名谁?仙乡何处?今年多少高寿?做啥生意?阿曾讨过家主婆?养过儿子女儿否?更其不可考。只有在史记天官书上有这么一段曰:"狼比地有大星,曰南极老人。老人见,治安,不见,兵起。"

又封禅书寿星祠注曰:"寿星盖南极老人星也,见则天下治安,故祠之以祈福寿"。

这样说起来,这个恶而蛮原来是一个天上的星宿,因其位居极南,名字又取得吉利,下界苍生便拉他来做了一位主寿的象征。

老人星在南极,和我们住的地球距离太远,天文台上虽有望远镜,也感力之不及。因此老人星究竟是何面目?委实不得而知,只能凭古人的想像力,创造出一个冬瓜式脑袋,长髯过腹,左手拿一只大蟠桃,右手执一根龙头拐杖的怪模样来,就算他是老寿星了。

既然明白了老寿星的出处,知道了骂人寿头的用意,还有骂人家傻呆为寿头的古典有没有呢?曰:古典是没有,传说倒有一个。

传说是这样的。据说从前有一个神经病患者,他与杞人忧天一样,常常担忧着自己不能享长寿之乐。于是学秦始皇般四出去访觅不死之药,寒暑无间,朝夕不断,人人都说他呆得疯了!当时有一个聪明朋友,就去哄骗他说:"老寿星是司寿命之神,你若虔诚求之,必有奇效"。呆子谨敬问道:"老寿星在什么地方呢"?聪明朋友说:"在海外的蓬莱仙山上"。呆子道:"此去有多少路"?答曰:"有十万八千里也"!呆子爽然曰:"路这么远,怎么去法呢"?聪明朋友说:"敬神敬得近,吃素吃个心。老寿星住得虽远,然而抬头三尺有神明,你只消在家里买一个老寿星拜拜,也是一样"。

　　呆鸟听信了他的话,当真去大大小小泥磁木纸的买了好许多老寿星回来,一天到晚对他们焚香礼拜,甚至寝食俱废。不久之后,呆鸟不但不能长寿,反而害了重病。聪明朋友知道了,非但不加怜惜,不去纠正,反而哈哈大笑,说呆鸟真是天下第一个寿头!于是,寿头也就成了一个骂人的名辞矣!

　　寿头惟一受骂之道,就是不明事理,戆头戆脑,在大庭广众之间,往往容易贻笑大方。其实寿头心直口快,一根肚肠直到底,所谓笨得转勿来湾是有的,其他劣点却不如聪明朋友多。我若交朋友,宁交寿头而舍"著乖"朋友也。

　　天下事,亦有难以理论者。照算呆徒寿头寿脑,寿气冲天,理该走尽天边吃尽亏了。顾事实上亦有大不然者,像呆中福一剧的姓陈的,忠心耿耿为朋友,代相亲,代拜堂,洞房里会秉烛待旦,勿揩巧妹妹一些油,结果非但巧妹妹依旧原封不动把"宝"献给了他,还得了十篓黄金。看来"大富贵亦寿考","乖人一半,呆人一半",这一句成语,倒是有点小道理的也。

## 三六 老 爷

老爷是什么东西？是一种称呼，旧时对于贵显者之尊称也。三朝北盟会编云："鱼磨山寨军乱，杀其统领官马老爷"。其次是元史中的董老爷。明代朝官惟九卿词林，外任惟司道以上称老爷，清制四品以上称大人，以下皆称老爷。

老爷的相对名词是"小的"，清朝时代阿猫阿狗都是老爷，招呼人家为"先生"，似乎已经看低了一级，受之者往往会面现不豫之色，心里勿大舒服。光复以后，大家要打破阶级观念起见，于是把老爷的名称打倒，一律改称先生。到了现在，只有黄包车夫碰着撬照会的，还用着老爷两字的称呼。

爷是阿妈老亲娘的"黑漆板凳"，孙子的"格来五特发柴"，须要活了马桶洗帚般一把年纪，才有做爷的资格。爷而且老，当是不是站在时代水平线上的摩登人物，因此上海人把"老爷"当做一切腐化份子的代表，骂人家老爷，即无异说此公是一个老而且朽的老朽也。

老爷亦能作温吞水解，因为温吞水说冷不冷，说热不热，譬如同文苏子写的芝麻绿豆集，说它杀辣吧，有时会跑跑人家香槟。说他没有生气吧，偶而骂起人来，照样骂得人家体无完肤，狗血喷头，这种作风，上海人又叫"阴阳怪气"，"死猫活食"，盖苏子固文如其人，人如其文的也。

予生也晚，未曾亲眼目睹老爷之真相，只有在平剧里看见头戴乌纱帽，身穿大红袍的老爷，在戏台上大走其鹅行鸭步。其所以要走得如此死样怪气者，保持剧中老爷之身份也。铁公鸡里和马夫俩跳跳踪踪的向帅，所以只称向大人而不称向老爷者，以其已失老爷之威严故也。

为此我们对于行动迟缓，冥顽不灵的东西，都可以骂之曰老爷。如驽马驾的车，骂它老爷马车。常常抛锚的汽车，骂它老爷汽车。七修八补聊代布鞋的皮鞋，尊之曰老爷皮鞋。一听见大炮吼声双腿就在发软的"沙而球"，非"老爷兵"而何？消息不灵通的报纸，人人要骂它老爷报。其他诸如此类的东西，皆可骂之曰"老爷式气"！

上海滩上，有五位大名鼎鼎的老爷，台衔如左：

㈠ 徐大老爷。不知是否同文徐卓呆的十八代老祖宗！别名谭老三，官篆赤老码子。是专请人家吃豆腐的。

㊁ 撒尿老爷。他是野鸡淌白之众家祖师,公馆在小东门洋行街撒屎弄口,每月朔望香火鼎盛一时。

㊂ 倒老爷。一年三百六十日,只有元旦勿办公,余日天未破晓,即在吊嗓,高呼"拎出来"!宏亮如金少山,清脆过王熙春。

㊃ 瓦老爷。屋面上镇压风水之土偶,一日到夜呆头呆脑,闷声勿响的坐着,不怕风吹雨打日晒夜露,相当弹硬。

㊄ 灶家老爷。定福宫主人,每年上天一次。其余日脚专门鼻头揩油闻香味,皮子时常弄得"灰薄落拓"。

## 三七　死人额角头

额角头是什么东西？是人身上头发之下眉毛之上这一块平原地带是也。不要小看了这么一点点比灶披间阁楼还小的地方，敝国同胞却对它异常重视！因为敝国同胞做人的基本原则，全仗是额角头。既不必真实学问，又无须父母遗产，更不必有漂亮如胡蝶陈云裳辈之姊妹。只要"额角头在屋里"，走走路会拾到无名氏遗落的大卷拾元头钞票，买慈善奖券会得头彩，娶老婆会得妻财，轧姘头会逢倒贴，孵豆芽会得有人来请去做大亨。据外面跑跑的朋友说，每人额角头上有三盏火。惟是否三昧真火？不得而知。这三盏火的光亮程度，和此人的运道大有关系，所以不许女人的指头触到额角头上去，生恐瞎触触触瞎了火的煤头也。甚至除下的帽子也不肯放在椅子上，只怕沾染着女人身上的龌龊东西，如尿头月经之类，再戴到头上去，就要使额角头上的火发暗，因此而影响到他们的运道。所以他们处处保持额骨头的尊严，有如珍奇瑰宝一样，绝对不使额角头有一点点的灰尘污脏。这一个说是否靠得住？固然不敢吃煞！一过一个人的额角头能常保清洁，至少比终年不洗脸如枯崩里的土地老爷，要高明不少。

额角头解说明，再来说死人额角头什么意思。考死人二字，亦为骂人名字之一，读者只消一看第七个本字典名字，便知明白。其实骂人家死人，仔细想想极不合算！盖死人者鬼也，你和死人并立谈话，至少你也沾染了几分鬼气，又无异是你自己在骂自己见鬼。"见鬼"也是一句很刻毒的骂人话，鲜龙活跳的人，怎么会见鬼？除非活人在将要断气的时候神经昏乱，才会看见祖宗三代和一切怨鬼站在面前。所以骂人见鬼，就是咒诅此公去死不远，额角头上已现皮蛋色矣。还有一说，据说一个人断了气，额角头上的皮肤就会胶着在脑壳上，一点也推扪不动，这就是道地的死人额角头一个。

知道死人额角头推不动的人，定是常与死人接近者，但是夜夜为死人追荐的和尚尼姑，还不知此中的奥妙，因为他们只看见死人的面孔，手指头并不触到死人的额角头上去。惟有天天验尸的检验员，专门替死尸穿衣服的土作，才时常动手去摩挲死人，才确知死人额角头是怎么样的一种额角头。否则就是家里常常死人，也莫测死人额角头究属如何有趣。作者对于活人尚略知一二，对于死人却毫无经验，也没有推过死人的额角头，所以一定要我说出死人和活人的额角头有何异同，只能说一句恕我不才另请高明。

　　大概骂人家死人额角头，其意义和骂人家板板六十四相仿，不过语气较为严重而已。因为板是人工做的，即使做定了式样，倒底还能用人工去加以改造，惟有死人的额角头，因为死人根本不能再复活，额角头当然也就永无推得动之日了。

　　铁面无私的朋友，面孔板得像十六寸厚的铁板，实在无法使他软化下来，此人的额角头与死人的又有什么两样？所以公事公办，不肯徇私，不肯舞弊的朋友，最容易被人家骂为死人额角头。

　　老虎灶上去泡开水，一根筹换了一杓水，棺材店里去买棺材，买一口大的决不奉送一口小的，他们从来不举行几周纪念大减价，也从不举行春季大廉价，以及足尺加三，足材宽放几天的讨好主顾办法，像这种店铺，大可称之为死人额角头式的宝号。

　　目今的社会，是一个贿赂公行的社会，外行朋友吃公事饭，人家照列把"小意思"奉敬给他，他如不贪非法之财，不肯接受这宗孝敬，背后就要被人家骂死人额角头。也有吃惯大饭的朋友，嫌比你所给不能如彼所愿，往往也会板起了面孔不答应，这又是另一种死人额角头了。

　　活人额角头本来异常灵活，摩登人士的额角头，尤其活得不能再活！因为不如此，不能升官，不会发财，你几曾看见过终身死人额角头式的拘谨人士，而飞黄腾达的？明乎此，亦不枉看了区区这番胡诌也。

## 三八 黄包车

  上海的人力车,称为黄包车,乃是最近二十多年的事,二十余年前的人力车,称为东洋车,形式略大于目下的人力车,车身漆黄色,车轮上并无橡皮里外胎,不过四围包着一道铁箍,在崎岖不平的石子路上走起来,不但发声如雷震耳欲聋,而且坐车子的人坐久了,就会头痰脑胀两腿发麻。

  在东洋车全盛时代"坐黄包车"者是一句骂人的话,因为那时的车子漆黑色的多,漆黄色的少,惟有工部局里的捉狗车,才是全身漆作黄色的。当时有一句"坐黄包车去吃蛋炒饭",也是一个骂人的话,意思是说坐了捉狗车去吃屎,因为蛋炒饭之色和屎一样,同是黄的也。

  后来东洋车一律漆了黄色,黄包车就代替了东洋车和胶皮车的名称,上海人也无所忌讳了,因为坐黄包车是人人都难免的事。

  后来黄包车又有了一种新的解释,指紧跟在女人身后的男人,叫做"钉牢黄包车"。这句话的来源,始于甲乙丙之钉梢,登徒子之流在通衢大街看见了绝色佳人,他便如蚁附毡紧随不舍,一有机会,马上拍无线电,搭讪头,即使女的给他一个不瞅不睬,他也抱定主意钉到底,钉到她公馆,认明了路名门牌,以便明朝再来,相机行事而施以勾引手段,务必达到目的,才算任务完毕,其精神之伟大,可与移山之愚公,争一日之短长焉。

  后来钉牢黄包车的主角,又从男人变化到了女人。风流倜傥的家主公,爱在外面拈花惹草,家主婆若无太平洋般深的海量,难免就要掀起酸溜溜的家庭风波。她为保持自己的权利起见,每天像解差押犯人般的跟在他身边,弄得男人走头无路。朋友们偶尔要请他去白相舞场,他就会皱眉蹙额说:"阿好过两日?迭两日断命黄包车钉得很紧,一步都歪勿来。"此处被骂为黄包车者,即家主婆也。

  还有被骂为黄包车资格的仁兄,便该数到胆大老面皮,急色不敢后人,一眼勿懂啥,专门瞎乱撞的跳舞朋友。他不管自己倒底会不会跳,懂不懂三步头叫啥名堂?四步头叫啥名称?拍子慢呢快?音乐敲的是什么调门?照样会往舞池里跳下去,这种朋友种气之好,作者即使再投人生,也会佩服得五体投地,六体出涕。可是在舞女小姐们的嘴里,就要骂此辈为黄包车了。

其故安在？曰，因为他跳舞的时候，身体完全像一部被黄包车夫拖的黄包车也，除了二只车轮似的脚尚会自由活动之外，整个身体都像死的，车夫如果跳进黄浦，他只能跟了投河。车夫要往西，他不能往东，因为二条车杠似的手，完全操纵了在车夫手里去矣，比拟不大佳，形容却也足使人绝倒焉。

## 三九 鸭脚手

凡是喜欢与波臣为伍的或禽或兽,它们为了适应环境起见,脚趾间就生出一层薄膜,文言曰"蹼",俗语就叫"脚掌"。脚上有了掌,身体浮在水面上,划动双蹼,就如船之有双桨,进退如意,无往不利,倒是"工欲善其事,必先利其器"的一个好注解。

有蹼的禽兽,种类很多。兽类中如龟鳖,鳖,穿山甲,水獭,鲸鲵,海狗等。禽类中除鹜,凫,鸿雁,鸳鸯等野味外,最常见的是鹅鸭两种家禽。普通人家畜鹅的尚少畜鸭的比较为普遍,所以鸭脚是怎样的形式,人人见了多能认识。平常人不知道这种连膜的脚叫什么名称,便用鸭脚来做总代表,通称一切生蹼的脚叫鸭脚。

天下事物,有一利,必有一弊,鸭脚利于游泳,就不良于步行。我们在河滨看鸭,见它们浮在水面上时,或先或后,或左或右,行动异常灵活,宛如魔术家在表演快手魔术。可是一登了岸,就见它们行动颠顶,举步迟慢,两条短腿,似乎不胜支持那笨重的身体,走路的神气,活像一个酸气冲天的腐儒在踱方步,又像缠足老太婆穿了高跟皮鞋在南京路上出风头,一种扭扭捏捏的怪腔,看了真忍不住要笑出来。

上海地方有句骂人话,叫做"手指头并爿"。这就是说此人的五只手指头并生一爿,不能分开取物。手指而不能分开,还能做什么事情?而且手指头连生成了片,两只手就像二把小蒲扇,这还像人形吗?这种恶毒的咀咒,大半发生于媳妇不曾做事,婆太太嘴里落出来的象牙。

五指并了爿,和水鸟的蹼脚无异,是以别名无叫鸭脚手,鸭脚是形容字,手是名字,盖言手其似鸭脚也。

鸭脚除划水以外,走路就不大便当,人非两栖动物,用不着划水,人又不是猴子,走路无须用手帮忙,人手若和鸭脚一样,所有鸭脚应尽的责任,人类都无用处,所以人而生了鸭脚手,等于无手。无手的人,简接就等于废物,故骂人家鸭脚手者,即此人是废物之意也。

鸭脚手不做事情便罢,稍微动手即闯穷祸。譬如家主公失业在家,家主婆出去帮人家,自己料理家务,动手扫地,抹桌,烧饭,倒马桶,换尿布,往往会弄得来扫帚颠倒竖,台椅大翻身,戳穿锅子底,打翻煤球炉,失落马桶盖,尿布帮到大腿上等把戏做出来。家主婆转来看看,不住摇头,不停叹气,大骂"真正赛过鸭脚手,做勿出好事体"焉。

　　还有那些初习手工,技术未臻娴熟,拿东西都不像样儿的仁兄,大家一致公称之曰鸭脚手。不过这倒底还是站在正式的立场上说的,小而至于不涉正经的事情,一个不得法,也有被人家骂为鸭脚手的可能。譬如吸香烟吧,两指夹烟,必须有相当架子,张口吐烟,必须有相当姿势,向不吸烟的人,偶而尝试一支,姿态就异常"触眼"焉!

　　鸭脚手做事情,样样不连牵,惟有搓麻将,则未必吃亏。老麻将精于计算,顾此顾彼,患得患失,打一张牌须慎重考虑,结果反因太会计算,倒要输钱。初学打牌,不知利害,不依规矩,随便乱打,岂知红运高照,他错打就会错来,反使老麻将输钱给他,这叫做"鸭脚手,牌来凑",诚奇事也。

　　鸭脚手何以会有好牌来凑他?据赌鬼们传说,无论什么赌博性质的游戏,凡属初试,多少总要使他赢进点,让他占得一点小便宜,才能使他感到兴趣,引起他再度尝试,以后便能使他渐渐上瘾,不赌就要感到手痒,像舞国烈士的听到"蓬赤"之声,脚里就会发痒一样。也就是赌神菩萨收徒弟的一种策略,像吊煞鬼骗人钻圈套一般。作者谨以十万分诚意敬告读者,做旁的事情被人家骂鸭脚手无妨,赌铜钿则千万勿要好白相而做鸭脚手焉。

## 四〇 定头货

　　商店里的货品有两种,一种是现货,一种是定货。现货只有这种式样,只有这种大小,要便买去,勿要拉倒!完全是人凑货。定货就不然了,你要什么式样,大小,颜色,都可以!换一句话说,定货是货凑人的。不想定头货三字,又成了一个骂人名词。为了什么要成为骂人名词?且看下文。

　　因为定头货谨适合于定制人之用,别人买了去,派不来用场。反过来说,凡具有特种性质的货物,不但没有现货可买,商店也不列样品,假使人而如定头货者,其脾气之特别,一定特别古怪得少有出见焉。

　　普通中等身材的人,非但鞋袜帽子有现货可买,就是中装西装,也只消到石路衣庄店,霞飞路旧西装店里去跑一次,就能买了回来,假使有人身体生得特别长,特别矮,或是特别胖,特别小,就费得多了。而且定头货朋友的一切用品,还不能传子传孙。

　　二角洋钿一只蟹壳黄。乃是普通货,考究朋友要四角头。其实四角头的形式大小和二头的差不多,不过油酥重些,芝麻多点而已,然而不如此,不显得四角头的特别,更不显得吃的朋友考究。

　　定头货的价值,大概总比现货贵。因为一则形式与普通货不同,制造手续比较麻烦。二则定头货的原料质地,总是选道地的东西,所谓双料头货是也。

　　定头货的人,大概也生成了双料加二的特别脾气。譬如甲是一个定头货,南到铁厂,北到夷场,寻不出一个和他一样脾气的怪人,偶然遇到一个怪人乙,地位比甲高,甲自以为极尽小心的去侍奉他了,岂知结果会触了一鼻头灰回来,气得甲三日不吃饭,四日不撒屎,大家便说:"老甲怪里怪气,今朝也遇着定头货了!"

　　俗语所谓"强人自有强人收,自有强人在后头",意思就是一木吃一木,钉头碰铁头之论也。

　　朋友中难得有个把定头货,大家远而避之也就算了,假使定头货碰到的也是定头货,双方吃斗起来,那就比有声五彩电影,全体明星,全体导演合作的话剧,还要好看。

　　定头货自作主张,对内毫无问题,对外就要讨人厌,被人家骂山门了。不过好许多伟人名人,倒大都是定头货。譬如安迪生罢,他假使脾气不古怪,不给人家目之为定头货,我们那里会受用到电灯等的物质享受?盖定头货莫非阿耕耕膀牵筋的怪人也。惟被骂为定头货的仁兄,怪得一点没有名堂,那就同废物无异矣。

# 四一 烧鸭壳子

作菜之手续甚众,若煎,炒,烤,煮,焐,蒸,熏,焖,爆等都是。一样一块肉,烤肉的味道,和□肉不同。一样一尾鱼,熏鱼又异于蒸鱼。烧一样菜倒底该取什么烧法?完全要看吃的朋友的胃口。要知道有几种烧法?请看食谱便知明白。

鸭和鸡差不多,也是我们荤菜原料之一,不过用途不及鸡广,原因为了鸭的味道,不及鸡鲜,人是贪口福的动物,当然要拣鲜的吃了。

普通人家吃鸭,大都清炖炖,菜馆里除了清炖,还有烧烤,尤其是北方馆子和广东馆子里,烧烤鸭也算一味上大台面的名菜。

看看一只,大来兮,杀了毛一除之后,也没有多少大。一烤之后,就显得楚楚可怜,至于经过一桌上十位仁兄请啊请啊之后,八寸盆里就只剩一只烧鸭壳子,俏生生地,娇卧在里面了。

一只肥鸭尚然如此,假使一只瘦鸭给人家吃剩了一只壳子,那简直马上就该叫仆爱收下去,否则一副轻骨头就有随风而去之虞。

惟其烧鸭壳子骨头轻,体积小,于是上海人对身材瘦小的女人,骂之为烧鸭壳子,鹎尚有雌雄,人则惟有阴性而身材瘦小者方可受此骂名。若浅予兄笔下王先生之夫人王太太,则决无被人骂为烧鸭壳子之日也!

## 四二 油煎猢狲

作者幼时,老喜欢这样问人家:"你知道世界上先有鸡还是先有蛋"?假使人家说先有鸡,我便说,鸡是蛋里孵出来的,没有蛋,鸡从什么地方来?假使人家说先有蛋,我便说,蛋是鸡生出来的,没有鸡,蛋从什么地方来?人家往往被我说得顿口无言引为笑乐。

后来读了生物学,才澈底明白,一切动物,都有一个始祖,始祖有雌雄,雌雄交配,才能遗传,不过有几种动物,还经过一度变生而已。这样解说起来,当然是先有鸡了。

人类也是动物,不过等级最高而已,其始祖,据说就是猿猴,猿猴变生为人,的确非常可能,假使说人是猪豕变生,那就杀掉听者的"年夜蛮",他也不会相信的。

惟其猿猴和人生得差不多,所以上海人在骂起人来,就有"油煎猢狲"这个名词。

我们在动物园里看到的动物,不论狮象虎豹,都有休息的时候,惟有猢狲,一分钟的静止时间都没有,不是跳,就是叫。平时尚然如此,假使把它丢入油锅煎一煎,那还了得?不跳八丈高,也将满锅跑,至吱吱喳喳地叫,犹其余事耳。明乎此,则骂人家油煎猢狲何意,当可了然胸中,此君若非手脚一歇勿停之流固,决勿会被人家骂为油煎猢狲也!

## 四三 邱六桥

珍珠塔是一部流传极广的民间小说，故事内容十分简单，只消"私定终身后花园，落难公子中状元"两句七言诗，便可以概括全书。

此书弹词本为说书名家马如飞所作。弹唱之调，别成一格，称为马调，至今犹流传社会。马通文墨，故所编唱片，较普通片子典雅，因此不独奶奶太太欢迎，即文人士子亦爱听之。

书内登场人物不多，除方陈二姓外，仅毕云显与剧盗邱六桥等数人。邱六桥尤脍炙于沪人之口，请其为一切坏胚子之总代表，骂人家邱六桥，意思就是骂他坏胚子也。

邱本作丘，因孔子名丘，故讳作邱，风俗通云："齐太公封营丘，支孙以地为氏，代居扶风，汉时丘陵改居吴兴。"故邱氏至今犹是吴兴大族，至于在上海的"南浔邱家"真个有谁人不知，那个不晓之概。好丑之丑，上海人读作邱。例如不识好丑，上海人叫勿识好"邱"。然而上海话的"邱"字意义又与丑字略有分别。譬如丑人多作怪语，此处丑字，应作容貌丑陋解，而上海人口中之"邱人"，非指无盐嫫母之类的丑物，而为歹人的意思。所以上海人嘴里的邱人头，并不是面孔生有麻子雀斑等的丑人，乃是指心地行为不正的坏人而言也。

邱六桥未曾就任坏人总代表之前，上海歹人称为邱路角，亦曰邱路道。路角路道，二而一者也，皆为来路之意。例如洋货，上海人称之为来路货，路角者来路也，路角不正，原应作来历不明解，所谓歪嘴吹喇叭，总带几分邪气。路角邱的东西，变为名词，即谓之邱路角，再改成专门的骂人名词，就是邱六桥了。

或曰，邱六桥非人名，六桥者，一曰搭桥，为人谋而不忠之撤烂污朋友。二曰拿桥，不肯救急之搭架子者。三四曰过桥拔桥，有事有人，无事无人之半吊子。五曰潦桥，做事潦草之搭浆朋友。六曰落桥，时代落伍之倒霉朋友。六桥俱全者，其人不邱亦自邱矣。

又有一说，从前上海南市城内，有四字六条桥，即陈市安桥，陈箍桶桥，王医马桥，穿心河桥，红阑干桥，广福寺桥，此六桥左近，皆出一善人，故名好六桥。又有一字六条桥者，乃虹桥，黑桥，小桥，亭桥，县桥，马桥，此六桥附近，又皆住一恶棍，故名邱六桥。善事不出门，恶名扬千里，传至现代，好六桥已湮没不彰，邱六桥则流传千古而成为骂坏人之代名词矣！珠塔里的真邱六桥，穷凶极恶，人，内心男盗女娼，往皆易见易避。惟有被骂为邱六桥的家伙，面慈心恶，外表仁义道德往不易察觉而上煞伊老当也。

## 四四 起码人

码者,天平戥中所用的法码也。从前的大烟间,现在的银楼,柜台上都放着一个天平戥,亦简称"天平"。

天平是一根杠杆,中心点支在垂直的铜针上,杠杆两端,悬着两只铜盘,将要称的东西放在下首铜盘里,上首铜盘里将一个个法码加进去,法码上都刻着份量,等两只盘里的份量相等,一看法码就知道要称的东西其重若干了。

起码也者,就是最小的法码。比起码更轻的东西,便不能上天平估计份量。譬如金子以一厘为起码,雅片以一分为起码,兑金子至少要兑一厘,挑雅片至少要挑一分,一厘以下的金子,一分以下的雅片,店铺里就不买了。

传到后来,就是不上天平的东西,也叫做起码了。例如老虎灶上泡的开水,以五分钱一杓为起码,烟纸店买火柴,起码要买一盒。你假使以为一元钱一盒的火柴贵,想出二角钱买十根,店伙就不肯遵命办理了。

同时,一切商店里又以价钱最低的货物为起码。例如布店里最贱的布匹,谓之起码布。旅馆里最小的房间,谓之起码房间。影片公司里薪水赚得最小,戏拍得最少的演员,谓之起码明星。平剧院子里的三层楼位子,谓之起码座。浴室里最便宜洗澡的地方谓之起码间。

人如果也像货物一样,能以身体的轻重来估计我们的价值,那末钻出太平门初见世面的婴孩,应该是起码人了。至于大人,年龄若干,应有法定的重量,体重不足法定斤量者,也算是起码人。至于全国各地的老枪阶级,瘦不盈握,那更足以称起码人而无疑。

人之所以异于猪猡者,估价不以体重为标准也在社会上阶级制度没有打倒以前,人类的人的阶级,一重重的分得十分细密。外国有专门研究人种学的科学家,称白种人为世界上的大亨,把红种黑种人贬入起码人之列,们是以人的脑子组织简繁为标准,生活简单的民族,如苗猺生番之类就算是起码人。其实如此分级,毫无道理,完全自说自话而已。

在同一民族,同一地方住着的人类,也分着极严的阶级。这种阶级,完全筑在金钱和势力的基础上。在上海地方,有财有势的人,称为大亨了,无财无势的朋友,就有被骂为起码人的资格,故起码人者,阶级最低之人也。

  再譬如在同一家公司里办事情的人,说起来,都是这家公司里的办事员。不过在旁人眼光里看起来,经理主任之流,才不愧是这家公司里的人,练习生侍应生之流,就异常起码了。

  不过一个人倒底到什么地步,才会被人家骂为起码人？却又并无一定,因为人的价值,法码无法计算,必须人和人比较之后,始能估定。譬如在大赌场里,别人在几千几万的下注,你只拿一张黄鱼头去下注,你就有被人家骂为起码人的资格！再如你一连输了廿张黄鱼头,在赌场老板看来,真是脚趾头上也板不着,可是你赌毕回府,看见尊夫人在和亭子间嫂嫂,前楼阿姨,后楼好婆等叉五洋铲,你就要骂她们是起码人了。

  条理码子在三道头面前是起码人,可是在黄包车夫,卖小菜朋友,摆小摊头客人,马路擦鞋匠,雉妓等面前,却又把他们看作起码人了。

  坐马车的骂坐包车的为起码人,坐包车的骂坐黄包车的为起码人,坐黄包车的骂坐电车的为起码人,坐电车的骂安步当车的为起码人,只要自己比人家地位略优,就有资格骂比自己不如的人为起码人。物理学家能以水为固体与液体物质之比重,以空气为气体之比重,人类的阶级,却找不出一个比重的标准。不过有许多事情做出来,无论如何是砍招牌的起码人行为,像点心只吃大饼油条,影戏只看六角的末轮正厅,理发只在小剃头担上等等,不为旁人骂作起码人者,予未之信也。

## 四五　马屁鬼

骑马朋友如跑马厅里的骑师之流，他们在未跨上踏镫以前，每见他们先在马屁股上拍几下，然后腾身上马，意思就是对马说："马先生！我要借重你了！请你不要在半路上发出畜生脾气来！"至于跨下彫鞍，翻身下马之后，又每见他们在马屁股上拍两下，无异对马说："马先生！辛苦！辛苦！停会送些上品好料来给你吃！"骑师此举，道地之拍马屁也。

拍马屁与吹牛皮，和三星白兰地对五月黄梅天一样，同样是天造地设的绝妙好对。看看拍马屁和吹牛皮的意义似乎不同，其实作用是相同的。盖拍马屁者，吹别人之牛皮也，吹牛皮者，拍自己的马屁也。所以有人这样说："天下样样俱穿，惟有马屁不穿。"马屁之效用诚大矣哉！天下人皆爱别人拍自己的马屁，然而嘴里偏会这样说："我最不愿别人拍我马屁！"所以善于拍马屁之徒，在未拍马屁之前，必先下一句注解曰："我晓得侬老兄勿爱马屁！"于是受之者洋洋得意，以为此公确系勿拍马屁的朋友，其实这一句开场白，就是天字第一号的马屁。

马屁人人会拍，各有巧妙不同，被人家骂为马屁鬼的朋友，拍起马屁来，往往可以使受屁者像走进了按摩院一样，浑身自顶至踵都感到舒服适意。

不善拍马屁的人，拍出来的马屁，不但使旁听者受不住，就是受屁的当事人，也会从屁股眼里肉麻出来，甚至要疑心拍者在取笑他或竟是钝他。

譬如区区会唱两句"苏三离了洪洞县"，"猜一猜驸马爷肺腑机关"等的青衣戏。内行朋友听了说我没有黄腔走板，我已经私心窃喜。假使有人对我这样说："侬老兄两声皮簧，嗓子比兰芳甜，莲腔比砚秋好，咬字比慧生清爽，收音比小云宛转，真勿容易！"这种马屁，不要说我自己要怀疑他，诸君看到了，难道会勿觉其肉麻过火乎？

马屁拍得不得其法而被人看穿了马屁，或拍得过了分寸，使人感到不快，少不得就要小触霉头，弄得当场出丑，这就叫"马屁拍在马脚上"。因为马脚无穷，不是放屁之所，拍的人拍错了地方，怎么不要惹马伯伯动气？涵养功夫好些的，眼睛弹弹，尾巴翻翻也就罢了。假使此公脾气如薛平贵未降服以前的红鬃烈马般恶劣的，那就不客气，猛然飞起一脚，踢在拍的人要紧地方，就要请他屈驾至黄泉路尽头，鄷都城内，走头无路六〇六号，阎公馆里去小酌一番。至少，也得要他到共舞台去向打手们买张伤膏药贴贴。

现代做人,拍马屁是第一学问,不会拍马屁而硬绷绷的做人,纵然有天大本领,也至多弄一个不饿死已算上上大吉,下焉更不必谈。会拍马屁,善拍马屁,马屁鬼,就不然了。小焉者左右逢源,财帛进门,上焉者,名利双收,公侯万代,笑骂由他笑骂,马屁我自拍之,硬绷绷朋友只好向他干瞪眼咽馋唾。

据一个精于此道的马屁鬼对我说,拍马之道有六:一曰外不如内。盖走外线不如走内线,走外线费力多而成功少,走内线费力少而成功多,所谓内外云云,不必解释,有线人自能体悟。二曰大不如小。拍马须从小处着眼,因为无论何人,总是大事少而小事多,在小事处进行,既显得勤快,也觉得热闹,比起遇见大事才敲一次锣的效力就大得多。三曰研究对方。对方是什么性情,都得完全明了。兵书云:"知己知彼,百战百胜",拍马何独不然?陈年老枪送十两冷笼清膏给他,比送糖果衣料好。欢喜闹猛的朋友替他发起做生日唱堂会,无异海潮寺,贴对陆家浜。以此类推,投其所好,战无不胜,攻无不克矣。四曰善观气色,拍马绝非经常不变者,必须随机应变,鉴貌辨色,始克有济。譬如你请上司吃饭,他如脸色不佳,宁愿改期或牺牲定菜,否则反致误事。易经云:"知机其神乎"?正是此意。

五曰旁敲侧击。拍马者不但直接对受之者宜力行不懈,简接对受者的马屁,亦须随时注意。譬如对赵先生说:"钱先生的为人,真是再好也没有了!"此话由赵先生的嘴里传到了钱先生的耳朵里,那比你当面恭维钱先生五千句还来得有力量。此点颇宜注意,不可忽略。

六曰处处留神。无论当面与背后,务宜处处留神。须知拍马为绝大学问,稍一疏忽,立刻会有相反的结果发生。故一举一动,一言一语,亦须三思而行,庶不致误。

马屁鬼的宏论是否说得对,作者不敢下断语。猜想起来,大致不会错到那里去的吧!不过这是下拍上者说法。社会上也有着上拍下的马屁。譬如和地方有关的头等阔人,他要发财,他想办一件好捞油水的事情,在登台之初,一定就有一篇甜咪咪的宣言,拍拍老百姓的马屁。不是说为了解除民众痛苦,就是说替民众求福利。至于结果,痛苦的是民众,福利就只他一人享到耳。

老实说,拍马屁者,必定含有副作用,如无求于你,决不来拍你的马屁。最显而易见的就是乞丐讨钱,他老板先生,多子多孙,多福多寿不绝于口,目的为了钱。讨了许久而未能如愿,其不为乞丐骂山门者几希?所以只有乞丐向老板先生拍马屁,决不会老板先生之流去向乞丐拍马屁也。

有人来拍你的马屁,就是将你当作马用,拍过几下,就要骑到你身上来了。朋友!你得留心平日对你甘言密语的马屁鬼啊!

## 四六 三脚猫

据生物学家说,地球上先有下等动物,不知经过几千万年之后,由下等动物逐渐进化而至于人,兽有四足,人有两腿两臂,其实人的两臂,就是前腿进化的,不信但看人类的祖宗猢狲,就是手脚并用的。所以凡属哺乳动物,连人类包括在内,都是四只脚。

三只脚的动物,相传只有洒金钱的刘海,脚下踏着的那只蟾是三只脚。不过这是一种神话,刘海这人倒底有没有?我们已经不得而知,遑论他老人家足下的蟾。这只蟾又不知是雌是雄?它并未留下子孙,它也没有父母。博物院里更没有标本,世界上究竟有否此物?不得而知。

不要说是动物了,就是我们日常用的器具,如椅桌床橱等物,如果少了一只脚,难免就要翻倒。戏台上的跑龙套,角儿嘴里的诗句和唱词,都不许有三条腿,若是犯了这个禁忌,就要被观众喝倒彩。算来惟有拍影戏的开麦拉,才是三只脚的,这是一个例外,因为它是来路货不能并为一谈。

做人如果和开麦拉一样,不必四足立稳,只要像有一只三脚架支撑着,就能在社会上立足,非但不会翻倒,反而鸿运当道可以成家立业飞黄腾达的,此公就有被骂为"三脚猫"的资格。

世界上如果真有三只脚的猫,那真可以像二头人,蟹美人,无腿人般放在大世界新世界城隍庙等处卖铜钿了,发财简直可以拭目而待之。其实三脚猫非真猫也,乃指其人凡事仅知皮毛,并无真实本领,如猫之仅生三足,虽具猫形而残缺不全,究竟不像个东西。

何以不说三脚狗,三脚牛,定要说三脚猫呢?这问题大堪研究!据老上海说:"猫"字系"锚"字之误,三脚锚在上海地方,也有个小小的故典。大约在民国纪元前十廿年模样,黄浦滩南码头来了一只走江湖的毛毛船,船主是一个像江湖奇侠传里金罗汉吕宣良式的白须老老头,精通武术,每天就在江边卖艺。他除了使枪弄棒之外,还有一套惊人表演,便是将他自己船上的两只铁锚当作兵器,每只足有百来斤重量,舞动如飞。当时哄动了整个上海滩,路上相逢朋友,便会这样问:"可曾去看过白须老老的三脚锚?"老头子在南码头停留了几个月便开船他去,可是三脚锚这个名词,却已遍传人口,后来慢慢地又成了练功夫打拳头的代名字。假使有人会得打八段锦中的三四锦,太极拳会阴阳怪气立几个姿势,旁人就要骂他不过是一点三脚锚!

也有人这样说:"三脚猫"乃"三顾茅"之讹。三顾茅是庐字的歇后语,庐字和路字的声音相似,路者,路道也!我们对于略懂门径之徒,谓之有点路道,做事有手腕,亦说有路道,故三顾茅云云,即言其人颇有点小路道也。

不过三脚猫到了现代,已经成了一个骂人名字。凡是一知半解,略懂皮毛之徒,大家就会骂他是一只三脚猫。假使要举一点例子,那么那些借起了大饭店或是公寓,高悬谈相请进的女相士之流,就是三脚猫。因为她们根本没有从过师,也没有下苦功读过相书,不过凭了一双见多识广的眼睛,一张能言善辩的樱桃,看来人是什么打扮,探来人是什么口气,便鼓动如簧之舌,说毛头小伙子要交桃花运,说恶而蛮要寿登耄耋,说生意人可以日进斗金,只要十句中有这么一二句对客人的胃口,客人已经叹为神奇,而她们的日用开销也照着牌头了。

再如目今有一个在花柳医院里做过练习生的朋友,居然自称为肠胃病专家了。丈夫卖过小黄鱼的宁波寡老,开起敲竹杠的产科医院来了。凡此种种,这里本领有限,牛皮吹得歪带带的货色,那一个不被人家骂为三脚猫呢?

## 四七 鸭屎臭

在动物的胃肠里兜过圈子,再由肛门里排泄出来的东西,无论是人,是兽,是禽,是昆虫,是鳞甲味道总是臭哄哄。

从口腔里吃进去的东西,无论是五香牛肉,十景香菜,香水瓜子,口香糖,五香豆,百花香露,茴香茶叶蛋,香萝葡干,香大头菜,经过了肠胃里的消化作用,再打屎孔里夺门而出,结果都会变成臭的东西。

惟其始也香喷喷,终于臭哄哄,因此我们对那种有始无终,碰碰在收稍时节拆滥污的朋友,都要骂他们"鸭屎臭"。

有人说,一样的屎,鸡屎猫屎狗屎未必是香屎,鸭屎也未必臭绝人寰,何以大家舍他屎不说,而独说鸭屎?这一个问题,的确大堪研究。

据我看来,此语恐系字音之误。上海人称"是否"曰"阿是"?"是否如此"曰"阿是迭能?""鸭屎臭"者,"阿是丑"之转音也。"阿是丑"的意义,写作文言,就是"不亦丑乎?"义与鸭屎臭相符,言其出丑也。

也有人说,英文里"屁股"的译音是"鸭屎",鸭屎臭者,屁股臭也,屁股里发出来的臭气,除了屁还有什么?是以鸭屎臭即等于屁臭。骂人家鸭屎臭者,就是说他的行动言语举止等情,都与放屁无异。此说似亦可通,姑存之,容待续考。

## 四八 杨树头

有真才实学的人,未必就飞黄腾达,不学无术的人,未必就不能平步登天。世间很有许多通才博学的人,穷得天天当短衫裤子,买大饼油条野鸡团子吃,目不识丁的朋友,反而坐汽车,住洋房,据高位,做大亨,如果脸上不生二个鼻子洞,管教人气得十五样小菜七荤八素,在无可奈何之中,惟有归之命运,人不交运,倒霉磕睡,秦二爷的卖马当铜,就是一个榜样。一旦时来运到,那就家里的泥土也会变黄金了。

不但是人人如此,连得草木也是如此。譬如椿树吧,就则做"神徨老"的代表,萱草又算是"坑山姑"的代表。竹称君子,松号大夫,柏为节妇,梅乃处士,都能受世人的恭维。惟有杨柳却浑身无一是处,开的杨花,被人当作淫荡妇女的象征,说什么"水性杨花"。柳絮又被认为飘泊无依,浪荡无靠者的代名词。"章台柳"吧,是任人攀折的东西,"蒲柳姿",又是轻贱不堪的东西。至于"路柳墙花",那简直就像站在马路上拉客的野鸡一般烂污了。算算一样是泥土里生出来的东西,居然也会和人一样有幸与不幸之别,岂不奇哉怪也?

杨柳身上,竟寻不出一根"吃价"些的枝干。柳叶比做女人的眉毛,这是摆样的东西,毫无实用。柳枝比做女人的腰,女人又是专指舞女而言的,舞女是要靠腰换饭吃的,专供男人搂抱的,还会有什么好货?杨柳所代表的东西都是这票货色,阿要气数!

杨柳的嫩枝,植立风前,因为骨干不坚,于是就要随风而摇动。上海人就借此而骂心无定见的人为"杨树头",言其东风吹来向西倒,西风吹来向东倒,自己毫无自主权也。

其实"杨树头"岂愿随风颠倒,乃出于强暴之风力迫之使然耳。它若不随,就有被目为反动份子的危险,我们讪嘲杨树头,却不知杨树头也有无可奈何不得已的苦衷,又有谁明白它的冤枉?杨树头性质的人,昨天宣扬三房客的疼苦,今天响应二房东的事非得已,后天倒又在拥护大房东的加租了!他们是信奉不倒翁主义者,任何压力加在他们身上,总不会使他们倾跌,他们像马浪荡般的多才多艺,身兼二三十个差使,不足为异。杨树吾国产得极多,杨树头式的人,社会上尤其多得不可胜计。时局时有变化,不做杨树头,决不能永保饭碗。有人以为杨树头的行为,前后矛盾得可笑,卑鄙得可怜,要骂他,要笑他,其实仔细替他们想想,真叫人欲哭无泪呢!

## 四九 白脚花狸猫

猫为家畜之一,和狗一样,都是很会谄媚人的动物。可是猫的身体比狗娇小,性子比狗柔顺,故最得闺中人的怜惜。锦茵花底,都是猫儿栖息之所,深闺寂寞,养一头猫的确可以解除烦闷不少,所以猫一名"女奴"。

从前南市城内蕊珠宫司阍人,在宫里蓄猫数十头,各种各色,无奇不有。阍人非富有之徒,然而他老人家宁愿节衣缩食以养猫,假使援称跑狗同志为狗迷的例,那么此公倒是一位"猫迷"。

古人蓄猫之最有名者,当推张博。"南部新书"云:"连山张大夫博,好养猫,众色备有,皆自制佳名。每视事毕,退至中门,数十头曳尾延颈,盘接而入,以绿纱为帷,聚其内以为戏,或谓博是猫精。"

又"纪事珠"云:"张博好猫,每自制佳名,曰东守,白凤,柴莫,袪愤,锦带,云图等,其价皆值数金。"

南方最贵重珍视的是产于北平的狮子猫,毛蒙茸下垂,有类雄狮,故名。"老学庵笔记"载:"秦桧小女名童夫人,爱一狮猫,忽亡去,立限命临安府访求,凡狮猫悉捕至,而皆非也。乃赂入宅老卒,询其状,图百本,于茶肆张之,后因嬖人祈恳乃已。"为了区区一只小畜生,甚至兴师动众,震惊官府,这真只有秦桧这种贼子才做得到,做得出,老百姓小百姓们走失了人,送掉了命也没有什么大不了,如广告报上发现了寻犬等的小广告,社会人士已经要嗤之以鼻了。

自从大家知道鼠疫的可怕后,同胞对于养猫一举,似乎十分需要,卫生当局更有奖励人民蓄猫者。好得猫比狗易饲,并且不会像狗般乱咬陌生人,家里房屋小些,养一只也并不讨厌。所以上海地方养狗者都是有产阶级,养猫者却比比然,以其十分平民化也。无论亭子间嫂嫂,搁楼上阿姨之流,也都有养猫的资格,这和乡间适成反背,家家户户都养条黄狗,养猫者却十不得一。

猫和狗的性情不同,狗认人不认地,猫却只认房屋不认主人的面孔,所以狗能随着"卖丝偷"出去吃大菜,坐马车,兜圈子,游公园,猫却像不出闺门的旧式女子,不肯跟了主人出门一步。但是猫到了春情发动期出去自由恋爱时,即使越过几百家屋面,隔了八九天工夫,等到任务完毕,它们依旧能够回到原主人家里来,从不会迷失路途,这是猫的特别辨识力。有时候主人家搬场,猫却坐守旧屋,不肯迁去,于此可见猫是不认识人的动物,所以我们对于翻面无情之徒,往往称之曰"猫面"。

"山川纪异"云:"燕真人丹成,鸡犬俱升仙,独猫不去。"可见猫的脾气真也奇特固执之至!所以人家养猫,大多从小就养在家里,长成以后的猫是再也养不家的,即使你勉强捉来,缚住了它,请它吃烟枪鱼白汁鱼,它叨扰你一二天之后,等你绳子一松,它就会一溜烟的逃回家去,把你待它的一番深恩厚泽,忘记得干干净净。

俗语有"白脚花狸猫,一吃就要跑"之说,于是白脚花狸猫就成了一个骂人名词,盖骂养不驯服的朋友,即使你当晚爷般待他,也是枉然。其实吃罢就跑的猫,固不限定脚的颜色,即黑脚黄脚花脚之猫,吃了照样也要跑掉,惟吃了就跑,近乎"白"吃,于是白脚之名大盛,而其他诸脚湮没无闻矣。

专门哄骗老色鬼,大菜盆子,木林哥的放白鸽女子,陪人家做几时临时夫人,等到得了身价银子,到手财物服饰以后,马上就远走高飞,逃之夭夭,这就是雌的白脚花狸猫。

号称无冕帝王的新闻记者,挥动如椽之笔,就有牛鬼蛇神似的妖魔鬼怪,在笔底下现出原形来,做亏心事的朋友,生恐恶事传千里,因此就得请他们饱饱肚皮甜甜嘴,于是报馆里诸位先生写字台的玻璃版底下,请客帖如雪片飞来。好得这种白食吃了痱子都不会生一粒,大记者们就抱了这个宗旨吃过明白,这是雄的白脚花狸猫。

其他如坐立不定之徒,也有被骂为白脚花狸猫的资格。譬如赴友之约,屁股也没有坐热,话也没谈满十句,就要起身告辞,其实他根本并无他事,不过借此表示其公务繁忙而已,背后就要被人家骂了。还有做生意如马浪荡式的朋友,三天饱饭吃过,就想另行高就,或是见异思迁,宗旨不定的朋友,也都可以归下白脚花狸猫项下。

## 五〇 脱底棺材

　　人的最后归宿,无论富贵贫贱,都免不了一死。死了以后,更免不了要装入棺材。人分好几个等级,棺材也分好几个等级,有人睡外国定制的玻璃水晶棺材,也有人睡较肥皂箱略胜一筹的施棺材,种类高下虽有不同,其为死人睏则一也。普通骂人,常说"死了没有棺材困!"可见敝国同胞对棺材异常重视,似乎死了没有一棺附身,比生前没有床铺困更悽惨可怜。这一点,其实也是习惯使然。有好许多民族,死后都不困棺材大家倒又不以为奇了。

　　扶桑国人民的死尸,就仿三寸丁武大郎的办法,一律举行火葬,将尸灰像吾国胞胎似的装在小坛子里,然后入土安葬,目的是为了节省土地。

　　还有好许多野蛮民族,将死尸挂在树上,任飞鸟啄食,或是抛诸荒野,让野兽当点心吃,尸体消灭净尽,算是上天去了,子孙的心里才痛快,否则以为不祥,他们就根本用不着棺材。

　　战场上的英雄,性命好像捏在手里,随时有遗失的可能,囤货的囤虎,刀头上添血吃,胆子算得大了,但是他不敢到战场上去开棺材临时贩卖所,出卖囤积着自己困不完的棺材。

　　因此"马革裹尸"一语,便成了武装同志的雄壮口号。只可惜喊口号的朋友,大都寿材早已定就,不过空喊喊而已,假使真正人人要马革,也没有这么许多现货,除非把牛皮吹大了以代替之。

　　回教徒死后也不用棺材埋葬,不过用一只轻便木匣盛了尸体,用四个佚役提在手里,拿到坟地上去,将死尸埋在墓穴里以后,将出空的匣子,又可以去搬别家的尸体了。这木匣子的用途和轿子差不多,实在是简单而节省金钱的办法,可是不懂得的人,便说回教徒困的是脱底棺材,其实棺材并不脱底不过次数用得多一点而已。

　　我们毕生用的木器,要算棺材最为坚固。中国人称死为千古,至少也讲百年,人类活到一百岁的很少,所以用具的坚固程度也无须用到百年不坏,惟有死人用的棺材,谁都希望能用至百年千年以上,所以非做得特别坚牢不可,即使是慈善机关里的施材也比穷人活着时候睡的铺板牢些。

　　死人睏的棺材,善堂里的施材脱底。断无脱底之理,如果那不是经人手揎,路倒尸的油,便是棺材司务偷工减料,这个滥污未免拆得大了。

因为有这么一个道理，于是"脱底棺材"就成了一个骂人名辞。凡是一味荒唐，专门拆滥污的朋友，都有被骂为脱底棺材的资格。假使要我举一个例，那么譬如老婆在家里将要生产了，老公急急忙忙出去请产科医生，不料在半路上遇见老相好三阿姐，拉他到小房子里去窝心，他就陪她睡在小房子里，三日三夜没有下楼梯，等到他回去，老婆业已驾返瑶池，如此公者标准之脱底棺材。

## 五一 猪头三

上海人骂人,除了"猪"和"毕三"以外,还有一个"猪头三",这是一句缩脚韵,"猪头三"者,牲也,上海人称畜生曰"众牲",猪头三就是众牲的歇后语也。

瞪出了眼乌珠骂人家猪头三,当然不是善意,不过语气已比猪,毕三,或直接骂人家众牲缓和得多。如果出诸美人之口,那就非但毫无恶意,简直可以拿来当鸭肫肝般咀嚼,其味似较留兰香更胜一筹焉。谓予不信,且看下文:

他在法国公园里看见了一个丽若天人的她,他就一五一十把无线电打过去,她若接若离,半真半假,似有意似无意的应付着,她出公园去了,他觉得有追逐的必要,于是立刻开始甲乙丙。

她叫黄包车,他也跳上去,她上电车,他也买票,她像充军,他像解差,一直充到曹家渡小菜场过去,她到家了,在叩门时节,回过头来见他还在,便学三笑姻缘里的秋香,向他嫣然一笑,他贼忒嘻嘻走上一步,她轻启朱唇笑迷迷地骂他一声"猪头三"!他的骨头重量顿时减轻至二钱七分六厘,魂灵儿飞上半天去了!这样的猪头三封号,受之者如得一等宝光嘉禾章,像惠山泥人跌入老虎灶汤罐里去一般适意。不过他回转来过大南京路的时候,没注意到电车已经开近他身旁,因为避让得迟了一点,开车朋友也奉送给他一个"猪头三"头衔,这一句猪头三,就使他如李后主般感到"有别一番滋味在心头"了。

## 五二　野人头

自称文明国家的人民,往往瞧不起文化落后的民族,称他们为野蛮人。其实越是野蛮人,在人类中的辈份越高,因为人类祖先,都经过茹毛饮血的阶段,到了现在二十世纪尚在度着茹毛饮血生活的野人,也许就是我们祖先的兄弟行,如果藐视他们,似犯敷典忘宗之嫌。

人类有历史可考的,只有短短的五千年,从我们的猿祖宗进化到没有尾巴的人类,其间经过几千年,就无从稽考了!这一个时期,大可称之为"野人时代",野人至少是五千年前的古人。

文明人虽然鄙视野蛮人,但是对于野蛮人的东西,却又非常重视,因为他们这些东西,已经都是古董了。古董的年代越久,越是值价,一鳞半甲,也会价值连城,中国是世界闻名的古董国,譬如以前运到外国去展览的清宫古物,在上海曾经开过一个预展会于大新公司,区区也曾去看过,真是琳琅满目,美不胜收。不过我看了之后,却有些惭愧,因为无论是书画金石诸物,都觉得今物不如古物,可见得中国的艺术,几千年来并无进步。

古物尚且可贵,如果觅得几个亲手制造古物的古人来公开展览,那当然格外可观,而且汉魏唐宋元明清的古人还不算希奇,最好是三代以上的古人,把他们茹毛饮血的生活表演一番,那不但门票可卖一百元一张,还可以吸引全世界的考古家到中国来参观。

不过凡胎俗骨,断无活几千年不死的,那么这个展览会岂不要开不成功?将就些去弄一个古代死人的骷髅头来,我想一定也有号召看客的力量。不过死人的脑袋,不能像活人般开口说话,未免遗憾。可是好处也有,惟其不能开口说话,看客就无法向它盘问,不盘问不回答,自无方法证明此公活着时候的年代,那么即使拿一个今人的脑袋来充数,也不怕露马脚了!像这种以"今人头"冒充"古人头"的巴戏,普通就称之为"卖野人头",而干这种滑头生意的人,就有资格被骂为"野人头"。

记得民元时代"狸猫换太子"戏剧盛行时,戏台上的包公,采用一种玻璃桌方法卖过不少野人头,现在大家都知道野人头是假的了。不过上海地方的骗钱方法却层出不穷,卖野人头的把戏也日新月异!且举二例:

某亭子间药厂，向以经理德国制造之补品为号召，顾客震于"崭勿过茄门货"之名，纷纷购服。结果非但虚耗金钱，而且毫无实益，其实未曾吃出毛病来，已算上上大吉矣！某小书摊主专门在各报刊小广告，只要寄一块钱去，就可得戏考十种，明星照片一打，肉感艳影若干幅。可是寄得来的，乃是一张平剧段头唱词，三张米色彩色印的合锦明星照和裸体照，成本至多二角。

　　类乎此的，更不知凡几。不过去上当的上海人倒底少，吃这个野人头者，还是让外埠看报朋友多也。

## 五三 阿桂姐

"月中金粟,天外飘香!"桂花是何等名贵的植物? 香气比玫瑰更清幽,诗人喻之为仙客幽人。并且树木高大,叶能耐寒,经霜不凋,足与松柏并称贞坚,就不能结子,然而地位也不在枫榆杉栗之下。可是在上海人眼光里看起来,桂花竟不如榛荆樗栎,把它来代表一切丑恶卑劣的东西,宁非气数?

桂花这个名字的发明,还不过近二十年的事,二十年以前从来没有听人说过。桂花二字的由来,是发生在几个"先生""倌人"身上,据说在民国二十年左右时候,有一群时髦倌人,各人带了自己的思相好,聚集在小房子里作乐。乐到半夜,大家觉得肚子饿了,便在附近天津馆子里吃几样菜来充饥,还叫了几客肉丝蛋炒饭。不料蛋饭炒得大不入味,大家食不下咽,于是问送菜的小天津:"这算什么饭?""这叫木樨饭呀!""木樨饭岂不是桂花饭吗?""大概你们开的是桂花店,所以卖出这种桂花饭来!""这个小天津天天吃桂花饭,所以人也桂里桂花了!""那我们下次不要再吃了! 再吃下去,我们也要成桂花先生了!""少说声吧! 这种桂花饭送给茶房去吃,我们再去喊二碗面来吃就是了。"结果这几碗桂花饭,便到了茶房老爷的肚里去。因为他们不是起码人,那里要吃这种桂花东西?

本来"吃蛋炒饭",是一句说人家吃屎的话。因为屎的颜色,和蛋的色彩相仿,自从这次蛋炒饭吃过吃伤以后,在这个小团体里的男男女女,便用桂花来代替吃蛋炒饭了! 以后再扩而充之,凡是"蹩脚""笃底"的人与物,都赐以"桂花"两字之雅号焉。

广东人称呼相熟朋友,不曰某某兄而曰阿某,姓唐者阿唐,姓黄者阿黄。上海人父母尊长称子女小辈,也喜欢在名字中的一个字上加一个阿字。如呼徐大风为阿风,钟吉宇为阿宇。宁波人则小名叫阿发阿德者尤其多。上海地方当然以上海人为大宗,次之则宁帮广帮也多得邪气,于是桂花二字之外,又有"阿桂"之新名词出现焉。

在阿桂两字底下,兄字放不落,妹字不顺口,有者只一姐字。诸君看过上面的解释,那么一望而知"阿桂姐"者,桂花寡老,蹩脚壳子,笃底雌头之代名字也。惟此姐不出于大家小户,不见于长三么二韩庄,只有跳舞场中方有。凡是照会勿灵光,皮子勿挺括,一脚约约舞,两眼白洋洋,惯会自说自话,带点戚门陆氏作风,日日扭屁股,夜夜吃汤团之舞女,那便是道地的阿桂姐。若要骂得文艺气色重一点,便是"八月之花"也!

## 五四 糟兄

糟是什么东西？酒滓也！淮南子道应篇云："是直圣人之糟粕耳"！注曰："糟，酒滓也，粕，已流之精也，喻精华已去，徒存废料也"。以酒渍物亦曰糟。晋书孔群传云："公不见肉糟淹，更堪久耶"？此处淹字即腌字，又俗谓事机败坏曰糟。

照上面这么几种解释看起来，此公不称仁兄而要称他为糟兄的，不是一位毫无用处的废料，便是和糟肉糟鸡一般美味适口而不堪久藏的好吃果子，再不然便是常常要把事机弄坏的闯穷祸胚子也！

自从糟兄这个骂人名词风行以后，虽不通国皆知，至少也到了全沪风行的地步。我们时常可以听到这样的说话："操伊拉起来！迭当码子那能介糟"！"红星交交关勿跳，反而去跳阿桂姐，真是糟兄"！"挨血要挨得有名目，侬迭能硬吃我，阿是当我糟兄"？惟其过于普遍，于是也有以洋泾浜"毛令白拉柴"代的，那就显得雅致多了。

帖子上写七时入席，至低程度也得八点钟才去，若牢守时间准时到场，便要被人家疑心你屋里已经三天不开伙仓，甚至，就要骂你"早兄"。早糟同声，意思也无非"屈""寿"而已。可惜社会上投机取巧的人太多，糟兄太少，纵有也不过在白相场中看见几回，假使人人能早而不糟，我想，至少也可以改变一下社会上的不良风气。

## 五五 梁新记

梁新记是什么东西？是一爿广东人开的牙刷店招牌。他们店里出一种双十牌牙刷，东西比普通的牙刷要经用些，还有最大的一个优点，牙刷即使用到旧极，毛头也短了，可是不会脱毛，所以梁新记便一向以"一毛不拔"为广告中的警句。

譬如这样说，老王因为最近用豁了边，想去问老李借钱，在路上遇到了老周，老周问他到那里去，老王据实而告之。老周便叹了一口气说："你老兄的念头是转得不错。可惜人头看错了"，老王问其所以，老周便说："你只知道老李有钱，可是老李是出名的梁新记，你难道不知道么"？老王一听老李原来是个一毛不拔之徒，只能废然而返了。准此，则梁新记者，啬吝鬼也！

社会之尽多家财结葛罗的大富翁，钱只肯给姨太太贴汉，儿孙辈喊向导，斩咸肉，却不肯捐一只洋给难民，给一只角票与乞丐。这种一毛不拔之徒而有好结果，定阎罗王被王莲英陈曼丽阮玲玉英茵们迷昏了！不信但看阿弟杀阿哥的药房老板，身价几千万，点心只吃二只蟹壳黄，家里电灯只点五支光，倒底发生了这种家庭惨剧。说不定将来绝子绝孙，那么偌大家产，只能送给千金小姐去贴姘头了！

## 五六 烂屁股

　　人的屁股上毛病,据我知道的有三种:一种是痔疮,一种是坐瘰疮,一种是湿气,总称烂屁股,名称虽然不一,生在屁股地位则一。

　　眼睛生了毛病,就要不良于观,牙齿疼发作,吃东西就不方便,脚上生了毛病,出去只好作成小三子小六子的好主意,屁股上生了毛病,那还用说,当然要坐起来不便了。

　　话虽这样说,不过据屁股上出过毛病的朋友告诉我,屁股上生了毛病,就是坐下去的时候最苦,等到坐定身躯停了一会,倒又不觉得什么了,之后呢,就是怕站起来,一站一坐之疼,真是要了烂屁股朋友的命!

　　照这样说起来,我们对烂屁股朋友的估计是错误了,我们以为烂了屁股的人怕坐,殊不知烂屁股的朋友却是怕的站,能够笃笃定定给他坐着,我知道他一定不愿意再站起来也。

　　惟其烂屁股朋友喜欢坐,坐了又轻易不肯站起来,于是我们对不烂屁股而像烂屁股式的朋友,骂之曰"烂屁股"焉。

　　假使是空着没事干,正感无聊厌气,那么对烂屁股式的朋友,当然表示欢示,假使在公私猬集之秋,或是正要出去看戏赴宴之际,就要讨厌烂屁股了!盖烂屁股大都为口若悬河之徒也。

## 五七 算盘珠

珠算之盘曰算盘。其制以木为框，隔以横木，名曰梁，穿纵杆十余，名曰挡，梁上每挡贯珠二，珠一以代五，梁下贯木珠五，珠一以代一，每盘以十进、用时以法计算，颇为便捷，我国商家多用之。

商家中除了少数洋商，用笔算或是计算机以外，大部份都采用算盘。不过算盘是谁发明，却不可考，只有在十驾斋养新录上有这么二句云："古人布算用筹，今用算盘，不知何人所造，亦未审起于何代，辍耕录已有算盘珠之喻，则元代已有之矣"。

姑不问其算盘是谁发明，总之算盘是一件商家不可或缺的东西。假使一旦全上海的算盘绝迹，铅笔和拍纸簿的销路，一定可以利市十倍，账房先生起码要多办八小时公。

这样说起来，算盘是一件好东西，可是"算盘珠"怎么又是一个骂人名辞呢？这个理由很简单，盖算盘珠是死的，人的手不摸到算盘上，不去拨算盘珠，算盘珠决不会像机关布景般活动。所以凡属天生呆笨的朋友，全靠人家拨一拨，他才会动一动的，都有被骂为算盘珠的资格。而茶房，娘姨，大姐，车夫之中，尤多算盘珠式之人物焉。

## 五八　煨灶猫

　　同样是圆颅方趾的人类,有肤色的不同,语言的互异,风俗习惯的各别。为了什么?因为住的地方不同,气候不同,种族不同,所以造成了五颜六色的人类,长长短短的国民。

　　语言的不同,还能互相学习以后的交谈。风俗习惯的不同,也能依样葫芦的模仿。惟有种族和地域的不同,简直就无法改造。印度阿三那怕用漂白粉洗澡,也不能漂成一个白人,到爱斯基摩人叫他住到菲洲去,准会把他热得七荤八素,甚至热昏热死。

　　人类如此,动物何独不然。譬如说燕子吧,春天它会在上海出现,过了八月半再想看它,那就除非跟它一样到南洋去,因为燕子不耐寒也。

　　至于家畜之一的猫,虽然身上终年一件皮大衣,到了热天就要脱去不少毛,到了冬天就喜欢躲在暖的地方,现在是水汀间和火炉间,过去是灶肚里,故有"煨灶猫"之名。尤其是夏季生的猫,最喜欢煨灶,因为它出生时就热惯的也。

　　煨灶猫只求暖热,不顾其他,于是毛采憔悴,猫眼常闭,外表弄得异常猥琐,使人家印象万分恶劣。猫既如此,则人而有被骂为煨灶猫资格者,不难想像得之。一定衣衫不周,形容枯憔,乱发蓬松。鬈须满面之徒也。大概以不得意朋友居多数,而瘾君子白面书生为尤著焉。

## 五九 白蚂蚁

蚂蚁的颜色，人人都知道是红黑混合蚂的黑色，那便蚁到博物院去，也寻不出白蚂蚁的标本。但是在上海社会里，却时常可以看见它的行踪，这并非说上海专产白蚂蚁，不过上海的产量比较他处为丰富耳。

据博物君子上说："白蚂蚁常产生在人家的屋梁庭柱间，它们的公馆，建筑在木头深处，以后就在里面传种接代殖民地愈拓愈广，凡有木料的地方，它们都能占领，在占领区内，建筑公路，开辟得四通八达，不使交通上有一点障碍。"

白蚂蚁的食料，就是土产木屑，用不着到外面来搬运洋米美麦进去充食粮，尽能在暗中秘密工作。所以房屋被它们侵蚀空了，住在里面的人还是莫知莫觉。

它们的工作很精巧细腻，能将合抱大的栋梁，吃得单剩外面一层薄皮，普通人不知道其中奥妙，还是照常住在屋里，万一起了一阵狂风，华堂大厦，就会坍成一片平地，屋主压死在里面，到了黄泉路上还是一个糊涂鬼。

古人云："蜂虿有毒"确是不错。白蚂蚁虽是小东西，却有"拆人家"的力量，所以大家见我它，大有"谈蚁色变"之概。

白蚂蚁既有拆人家的本领，世俗便利用它来做一种专营拐卖人口专业的骂人名辞，俗语又叫他们为"蚁媒"。以妇人居多数，男人多半不出面，只在暗中奔走活动，因为妇道人家容易取信于人，即使破案，也能减轻不少罪名。

男人中白蚂蚁圈套者，以经济人为多。大概因为辛勤半世，手里略有积蓄，急于要想要妻成家，或因中年丧妻家务无人料理，要想娶一个续弦，只要吐出一点口风，自有人来做媒，或托邻居介绍，或走二房东门路，你要何等人物，他们夹袋里都有存货，任凭挑选。未进门的时候，事事省俭，件件迁就，但等一娶进到，那就无异白蚂蚁进了正梁，非把全部房屋蚀空不止。

白蚂蚁兼营进出口两项生意，以上所述乃是出口生意，至于进口货色，专从诱拐乡间贫苦妇女中得来。也有夫妇间偶生口角，妻子赌气出外，中途遇见蚁党，将她骗去留养三五天，就能转卖出去，本人被卖了还莫明其□宋路上的神隍庙，真是冤枉孽障！这种行为，他们也有一个术语，名叫"开条子"。

近来上海桃色事业异常发达，内地小家妇女，迫于生计，都想到上海来谋出路，白蚂蚁利用时机，很容易到乡间去拐骗，拐来的货品，也须经过一番挑选，外貌俊俏一点而不通文墨的,就转卖给韩庄响导社,么二堂子,野鸡堂子等的老板,不怕她们翻腔。乖觉一些的,便贩到关外等远处火坑里去发卖。每年受白蚂蚁之骗而陷入黑暗地狱的女子,真不知有多少,报上所载破案寻获的,不过千万分之一而已,他们这种离人骨肉的罪恶,真是令人发指。

他们除了拐卖来自田间的乡下妇女,在上海本地的无知识小家碧玉之流,也是他们的目的物。无论父女不睦,婆媳不和,夫妇交恶,姑嫂失欢等事情一发生,他们就有机可乘了。不然,欢场中那里来这么多莺莺燕燕?

还有未满十六岁,大致十二三岁的男孩子,白蚂蚁也兼收并蓄,收齐了一批装运到外国去做奴隶,战前也是一笔好买卖,现在航运困难,此风渐减,真是功德无量。骂别种名辞,可以公开高声喊骂,对于白蚂蚁,我们只能骂在肚里,不能出诸大声,一则他们脸上不挂招牌,二则骂了也不能出寒胸中恶气也。所以无法很痛快一骂。

## 六〇 老燕子

燕子的身材，比鸽子要小好几倍，可是它小头脑里的记忆力，却也不输于鸽子，今年在你府上的梁上檐头搭了一个窠，住上几个月，明年春风一起，你不必在屋顶上插立标记，在墙门上贴召租条子，燕子燕孙仍旧会寻到你门上来。衔泥添土，修理旧巢，呢呢喃喃，似为故主报道："春天到了！"

近年来遍地烽烟，干戈不息，江南地方的房屋大半毁于炮火，新造起来的寥寥无几，而且大都又是什么西班牙式，罗马式，柏林式，根本没有梁，没有柱，除了洋房，普通的弄堂房子，一上一下要住十二三家人家再无余地分租给燕子住。草棚棚里住的贫苦人家，不过聊蔽风雨而已，根本筑不来香巢，因此近年来燕子的芳踪，江南地方似不多见，有者其惟燕子窠乎？

燕子窠是什么东西？并不是真正燕子筑的窠，上海人嘴里的燕子窠，乃是指供人吸食雅片烟的所在也。因为燕子营窠成功以后，它就终日飞来飞去，看似甚忙，实则同时髦朋友夏天上庐山莫干山去一样，不过是避暑而已。因为它们出生之所，乃在热带地方，春夏二季，热得吃不消，于是到江南温带地方来白相相。既然存心白相，那里会有正经事情干？无非翱翔作乐，游戏憩息而已，于是在窠旁盘旋不离左右，其恋窠情热之状，同吸烟人上"谈话室"去一样，此命名之所由来也。

雅片烟真是样奇怪东西！未进土行以前是什么式样，我不知其详，从土行里卖出来，我知道是生的原料。经过了煎炒熬煮，挑在缸里，据说还是生烟。在烟灯上细细的烧烤，烟膏烧成了烟泡，有人将它吞服下肚，仍旧说他吞的是生烟。烟泡吸入烟斗，从斗里挖出来的烟灰，这东西还是生的。如果再把它还锅重煮，煮成的仍是生烟！看来世界上永远烧不熟的东西，其惟鸦片烟乎？

人不吃饭，不吃面，不吃珍珠米赤豆等种种食粮下肚，就要饿死，不吸鸦片烟，算算并无多大关系。然而饭偶而因为事情忙，或是特别关系，少吃一顿，决不至于喊救命，可是瘾君子如果少吸了一次烟，立刻就会像牛魔王遇到了照妖镜，马上显原形，眼泪汪汪，鼻涕连连，打呵欠，出冷汗，四路夹攻，管教他垂头丧气，缩作一团！

惟其吸鸦片烟比吃饭更其重要，所以烟鬼之恋烟灯，比饭桶之恋饭碗尤为迫切。燕子离不远燕窠，烟鬼离不开烟窟。正像大胖子床上的臭虫，坑缸里粪堆上的苍蝇，一则潜声猛攻，一则四围飞舞，本来有精美可口的东西吃，谁肯放弃权利？弃而顾他呢。

在燕子窠里吸惯烟的人,家里虽有好烟也吸不过瘾了。因为窠里群贤毕至,少长咸集,谈天说地,话古论今,横七竖八,瞎三话四,点心水果,糖食蜜饯,川流不息,一呼就到。吸吸躺躺,眼睛一霎,不知东方已白。窠里乾坤大,灯傍日月长,大有此窠乐,不思蜀之概。拿破伦以法兰西为爱妻,吸烟同志以烟窠为家庭,林和靖妻梅子鹤,瘾君子妻枪妾灯子烟,且其至情能驾一切而上之焉。妓院里有久嫖成龟的阔少,在燕子窠里久抽,也有晋升为伙计的可能。我们走进窠门,见有鸠衣鹄面,耸肩缩头,鹑良百结,开出口来都像周信芳老板喉咙的招待员,他们以前都是窠里的榻上客,就因为依恋烟窠,盘旋不去,把全部家财,一搭括仔统统吸进烟斗,化作烟灰,弄得失业失产,妻子跟了隔壁王先生,儿子去叫陌生人爸爸,女儿上咸肉庄,孑然一身,无依无靠,不得已就在燕子窠里借榻暂住,后来越弄越尴尬,住在窠里动不来身了,窠长怜其无家可归,抱上天好生之德,就收留他在窠里当一名招待员,每天供给他一碗笼头水,藉延残喘。这种以身殉窠的忠臣义士,便是标准的"老燕子"一只也!

## 六一 郎德山

"郎德山,才勿关!"这是一句上海极流行的俗语。才勿关者,都不管账也!郎德山呢?是一个人名,而且有两个郎德山,他们都是艺人。

一个郎德山是周游列国的魔术大家,他还有二个绮年玉貌的女儿,和他一同登台献技,曾经倾倒过不少观众。有一位上海的骑马大将,为了郎大小姐竟把老婆抛弃不顾,此案也曾哄动过全沪。还有一位广东的钟表行小开,为了郎二小姐甚至服毒自杀,幸亏救得早,不然一条小性命,就此完结。

光绪三十二年,上海宝善街春仙茶园的末代老板曹霄云,到北平去聘来一批京朝大角。计有郎德山,德建堂,富仙舫,曹甫臣等数人,内中以大花脸郎德山唱得最红,因为他的脾气也最随和。假使有人和他接洽后台的公事,他总是笑嘻嘻说:"我是不管事的,你们去和管事先生接洽吧!"日子一久,他就有了一个"全不管"的名声。后来戏院营业日渐衰落,这批角儿就打算北返。院子里的茶房等想做一笔野鸡生意,就推了一个代表,和郎德山接洽,请他们帮一天忙,郎德山满口答应。岂知到了登台那天,他老人家影踪全无,原来早已回北平去了。看客闹得一搭糊涂,前后台大打出手,推本穷源都为郎德山一人而起,于是"郎德山,才勿关"一语就脍炙人口焉。

在这么二个郎德山之中,前者毫无关系,后者却被大家采作了一个骂人名辞。意思凡是此公百勿关死拆滥污,都有被骂为郎德山的资格。

譬如在机关里,有种人靠了大脚膀,名义挂一个,薪水按月拿,实际上却既不签到,又不办事,遑论兴利除弊,这是郎德山之一。

一生靠着祖上荫余之福,做着吃吃玩玩的少爷,不能开源,更不能节流,依旧花天酒地,狂嫖滥赌,波罗结底债主多得无法应付了,硬一硬头皮脱离家庭,开码头到外埠流亡去了!就是天字第一号的郎德山。"一朝权在手,便把钱来捞"。一班吃死人勿吐骨头的老爷们,做一任地方官,棺材里伸手要钱,弄得地方上民穷财尽,走头无路,他们搜括饱了却扬帆远去,这也是郎德山之流。只求自己适意,把家主婆的肚皮年年弄大一次,大男小女像小猪般的撤了一大堆出来。妻子的身体精神是否吃得消不管,子女的教育问题更不管,但凭他们长大了做贼也罢,做毕三也罢,他一切不问不闻,此公而不被人家骂郎德山,予未之信也!

## 六二 放野火

我们时常可以听到如下的对白：

"老兄！侬府上还有几化米"？

"还有二三斗。侬问伊做啥"？

"二三斗好吃几化日子？假使吃勿满一个月，快点买点拉浪！下个月洋米要买十只洋一升哉"！

"操伊拉！侬迭格毕三！专门放野火"！

此处"放野火"三字，显系骂人名辞之一。作何解释呢？请看下面出典。

"野火烧不尽，春风吹又生"。白乐天因这两句诗而受知于情况，在长安居大不易的帝都里居住着，白老先生便很自负的许为"居易"。居易的命意原来如此，放野火的出典却不道也就出在这两句"么二三"上，

在早春时候，我们到郊外去散步，日丽风和，神清气爽，地下的宿草经过了严霜的侵蚀，已变成焦黄色。新草呢，还尚未发芽，在这青黄不接之际，你若丢一根燃着的火柴梗下去，草燥风烈，马上能够延烧遍地，像剃头司务剃贼秃马驴子的尊头一样，剃一个精光大吉。

放野火的确是件有趣的玩意儿，尤其在晚间，火舌头像赤练蛇般的乱窜，岂不好看煞人？

有些地方的乡民，全仗砍茅柴度日。他们砍过了柴，就放火将草根焚烧，焚余的灰烬，壅在土中，就是肥料。烧过的草地，明年的收获更丰，所以别名"烧发"。南京对江的荒山，往常每年冬季，就看见火焰冲天，连烧数十天不熄。在下关隔江望去，竟像西游记上的火焰山一般，这种大野火，在树木茂盛，人口繁庶的江南，的确不容易看见。"火烧好看，难为人家。""星星之火，可以燎原。"有时候放野火也会放出大穷祸来，有天堂之称为苏杭二州，春天游客最多，其中有几个好弄白相的游客，见有野火可放，便不管三七二十一的留一二个火种就走。岂知火势逐渐蔓延，把野厝的棺材户头，牛老大住的茅草棚，古坟的林木，一起烧光，放的人只顾一己的快意好白相，不顾无辜者的遭殃，真是杀不可恕！

因为放野火是如此的损人不利己，于是大家把"放野火"三字，比作了一般散布谣言乱惑人心之徒的代名词。

"流言可畏",古代的政治家,惟有辅太甲之伊尹,佐成王的周公,最不怕谣言,专制时代的皇帝,没有不怕谣言的,所以有"偶语弃市"等残酷法律定出来。

自从有了报纸,放野火的机关就更多了!有人这样说,辛亥革命,上海独立,最大的功臣,不是视死如归的志士,倒是望平街上的几把野火。虽然形容过度,却也合理。

上海人爱骂人家"叫化子造谣言",骂造谣言者为叫化子,可见其恨之深,但是山门尽管骂,野火不妨放,因为上海人还是爱听谣言的多,否则,报馆起码关掉一半。

本来放野火者,以毕氏昆仲最称拿手,绅商巨子,名流闻人们是不屑为的。然而时至今日,他们到了紧要关头,往往也会不顾死活的放一把野火出去,发表一篇谈话,别名就叫"制造空气"。不过据下走看来,会制造的空气,嘴里吐出来的炭酸气是无声无臭的,其有声有臭者,其维震动后庭之阿摩尼亚乎?

今制造出来的空气,在造者本人,当然另有作用,另有目的,至于影响所及,蒙其利者,不过几家报馆和卖夜报的老枪之流。蒙其害的,却不可胜计了!为什么?因为现在日上顶有窜头的,就是吃投机饭的交易所帮,他们平日尚且要无风三尺浪,有了捕风捉影之谈,那自然格外得其所哉了!他们一得势,小民尚有生路乎?

## 六三 夏侯惇

　　夏侯惇,谯人,字元让。少就师学,人有辱其师者,惇杀之,由是以烈气闻。魏武帝时为裨将,从征伐,累功拜前将军,文帝时为大将军。惇虽在军旅,亲迎师受业,性清俭,余财辄以分施,不足资之于官,不治产业,卒谥忠。此正史所载夏侯惇之传略也,不但勇烈,而且廉洁,不愧为一员名将。

　　在三国志演义中的夏侯惇,也说他是一员猛将。他在战场上中了埋伏,乱箭像雨点般将射来,他趋避不及,一箭射中了他的左眼,他拔出箭杆,眼乌珠也一齐带了出来,他不忍抛弃。就把箭头推在嘴里,把眼乌珠当冰糖山楂般吃下肚去,一面提起家伙再和敌将交战。这是小说上描写的夏侯惇,他是何等勇猛啊!

　　在舞台上出现的夏侯惇,是曹八将之一,凡是曹操登场坐帐,总有他站在一傍侍候着,在长坂坡里,要算他和赵子龙打得最结棍,戏剧里表演的夏侯惇,确系吃斗朋友。

　　至于在上海人嘴里骂出来的夏侯惇,恰恰和三国志里的夏侯惇相反!譬如叫他去打架,在自己人面前,照样弹眼落睛,揎拳捋臂,挺胸凸肚,张牙舞爪,像煞有介事装成一个狠客,一旦身临大敌,他就萎缩不前,只会发抖,甚至见了敌人的影踪就吓得屁滚尿流,连忙脚底下抹白搭油,溜了个无影无踪。

　　起先我也不懂,为什么要请这位狠天狠地的夏将军来做向后转专家,胆小如鼠朋友的代表。后来有人告诉我说,"夏侯惇"者,"向后遁"之谐声也。夏将军的大名里,不幸有了个惇字,就被骂人专家采作了骂人名辞之一,像同样在三国里的夏侯渊就没人去请教他了。

　　也有人说,上海人出恭叫"登坑",登坑并非提足跨登毛坑之登,乃拉脱裤子往下登之登也,原应写作"蹲"字。譬如猫捉老鼠,先蹲后跃,方为得势。再如运动家之短程赛跑,起步之前,也须望下一蹲,方能抢步起跑,故夏侯惇者,"向后登"也,登而后逃,便可以格外神速焉。

　　照这样看起来,凡是被骂为夏侯惇的朋友,不外乎是不肯吃眼前亏的乖人头,和善于保身的明哲而已。然而另外地方有种举动做出来,也有名列夏侯惇的资格。譬如红舞女把恶而蛮的条斧开足轮赢,恶而蛮提出最后通牒,要他某月某日某时在某某大饭店跳一次席梦思舞。当时口头上未便拒绝,连声说好,甚至果然准时出席。岂知恶而蛮正要"我把你钮扣儿松"时节,突然有人打电话给她,不是说爷要死快,便是说娘将断气,名正言顺,匆匆撤退,实行其"向后遁"主义焉!

## 六四 四眼狗

狗和猫同样是家畜，不过养狗的人家，乡下比上海多。一则来固然是寸金地不便筑狗公馆之故，二则来狗的用处是狩猎守夜，上海地方既无茂林深山可以行猎，再加条条弄堂有铁门，家家户户装司必灵锁，于是上海养狗的人便少了。有者不过供人玩弄的哈叭狗，狮子狗，以及作为赌具用的尖头外国狗而已。

在动物里，据说马是忠的象征，羊是孝的象征，虎是节的象征，狗是义的象征。惟其狗的大名列于小四维榜上，所以单独恶狠狠骂人家一声"狗"！似乎少有出见焉。

狗和人一样，有和肤色相同的毛色不同，人种相同的狗种不同，异奇各色，蔚为大观。然而在八类中想找一个三只耳朵的仁兄出来，就和想在狗类中想找一只四只眼睛的阿黄出来一样困难了。

在神话里有三眼杨戬，是否有其人，只有写西游记封神的作者自己肚里得知。至于四眼狗，乃是在两只狗眼上面，胃毛地位生二块黑毛的狗，远看看像生四只眼睛一样，就叫四眼狗，假使真正要求一条四只眼的，保险踏破十七八双铁鞋也无觅处。

狗类中也无四眼之狗，怎么人类中倒有被骂为四眼狗的仁兄出现？曰，乃是指的戴眼镜朋友也！谓予不信，请读者仔细考察像不像，再试看可会有不戴眼镜的朋友而遭此骂名，便知端的。

## 六五 半吊子

小把戏从娘肚皮里钻出来之后,至多隔上一二天,就会吃乳。慢慢的胃口越吃越大,身体也跟着日长夜大,会哭了!会笑了!会立了!会走了!可是要会说话,至少也得到两三岁,可见得说话最难。

有人奇怪外国小囡会说英文法文,其实这是一半遗传关系,一半是父母日常所教,毫不希奇,不信你把一岁左右的外国小囡交给一个苏州奶奶去抚养,包险到三四岁时,这个小把戏会弄成一个外国人其表,说得一口怪软糯苏白的小苏州。再不然对一个初生的婴孩,从出世起,到三四岁止,除了给他穿著,不使他和外界接触,始终不对他说话,他一定会变成一个哑子。

哑子是不会说话的,还有一种"鸰嘴",俗名"刁嘴",文言叫"口吃",话并非不会说,不过说起来异常吃力,而且越急越说不清,像三笑里的华武二少爷,便是一只标准"刁嘴"!也可以写成"吊子"。

至于"半吊子",事实上并无其人,不过是骂人名辞之一,意思骂此公做起事情来不爽气,有利可图,比谁都乖,像说话样非常流利。要叫他委曲一点,就假痴假呆,仿佛口吃朋友说话般吞吞吐吐了。

至于"半刁嘴"写成"半吊子",意思半吊子的水,冲茶嫌多,洗面要嫌少,冲热水瓶不够,汰衣裳太少,横竖派勿来用场,和刁钻捉狭朋友一样难弄打也。

## 六六 鬼触皮

圣人云："饮食男女，人之大欲存焉"。实则男女之私，比较饮食尤为重要。因为人不欲食，死者不过自己本身，人不男女，将影响及于子孙，人人没有子孙，人类就要绝种，世界就要毁灭！如果佛光普照全球，大家实行绝欲，则世界上就将没有小和尚出世，百年以后，修成正果的人升天变佛，修不成正果的人入地狱变鬼，地球上不见人迹，只见鬼佛，杭州西子湖西天竺，上海西摩路西新桥，当真就能算是西方极乐世界的支界分界了。

天下本无真是非，惟以习惯相传的为是为非，我们便从而是之非之。假使我们的祖先一向把粪便当做主要食粮，又有历代的医药家卫生家说明吃粪之合乎养生之道，试问传到现在，谁还会肯吃饭：你吃越陈越香的宿粪，我吃刚刚出肛的鲜粪，一日三餐，非粪不欢，看见有人吃饭，大家就会说："操伊拉！迭当码子那能饭亦要吃格？"

饮食如此，男女何独不然，我们的祖先吃东西是堂而皇之的，制造起小国民来却一向偷偷摸摸，在晚上钻在被窝里，方肯如此云云。假使这两项反其道而行之，只怕传到现在，一男一女在光天化日之下学"狗连连"的样，大家会视若无睹，开饭店菜馆的老板，将被大家当做烧汤乌龟般的上不得场见不得人面的特殊阶级了。

因为人类的习惯，已经把男女之事看得十分神秘，所以行周公之礼，敦夫妇之伦，必须要偷偷摸摸的去干，像某名士在日记上写"是夜与老妻行礼一次"非但少有出见，而且还笑歪了人家的嘴吧。何况此公虽然坦白，也只敢在事后简略记载，不敢当众表演，腐不敢把前后详情和一切小动作等，像做影戏说明书般做好了公诸于世。

仔细想想，这件事情呢，实在不十分冠冕堂皇，人犹如此，何况于鬼？鬼原是见不得人的，所以不大方的人，往往有"鬼头鬼脑"之议，至于鬼的男女下层工作，当然玄之又玄，秘之又秘。人的男女，已像私弊夹账，事同"鬼触皮"者，那就比尼姑养儿子更加不如，其为不可告人之事也必矣。

"鬼触皮"仅仅是一个譬喻，骂人名辞里的鬼触皮，并不限于男女两性间的事。男和男，女与女，都会有鬼触皮事件发生，都有资格被人家骂为鬼触皮。只要凡是瞒过了第三者的耳目，说不可说的话，做不可做的事，都会挨到这个骂名也。

这个骂名的发祥地，据说是在妓院里。因为妓女日里受了大老阔少的气，晚上就到小房子里去向养着的小鬼出气，出气的方法，不外同小鬼颠鸾倒凤也，"养小鬼"之隐语从此而来，鬼触皮之骂名于此成立焉。

## 六七 操那娘

有人说,做女人比做男人写意!从小有爷娘抚养,长大了出嫁,有家主公负担一切生活费用,不幸男人死在前头,名正言顺可以叫子女供养,谁也不会多一句闲话。

然则女人果有做头乎?曰:"勿见得!"先讲出世时节,诸亲百眷听说某人养了一个女儿,不但面部表情异常深刻,同时都会叹上一口莫明其妙的闲气说:"也好!是一位千金。"也好者,好而未尽之意也!一出世就被人家看勿起,女人尚有做头耶?

做女儿时节,会得做做弄弄,似乎是名份,并无额外赏赐,更不会由双亲大人颁给奖状。不会做吧,"养侬出来做啥"一语,便会时常在耳朵里钻进钻出。甚至受打挨骂,一如家常便饭,女人岂真有做头哉!

出嫁到夫家,好比华侨到外国,既要仰承翁姑鼻息,还要看姑娘阿叔眉眼,万一再加黑漆板凳是个名良人而实不良的家伙,不怨得吃毒药自杀,也得气成隔气病而气煞,女人其有做头乎?

等到洞口潮退,珠胎暗结,大了肚皮,真正受累,临盆日子,疼得死去活来,叫爷不应,叫娘不灵,上天无路,入地无门,此时不说家主公害人者,予未之闻也!女人果有做头耶?

幸而小把戏呱呱坠地,靠天保佑无毛病,然而横抱三年才得大,竖抱三年才长成,乳臭小儿领到他成人长大,其艰难困苦,虽不上造万里长城,至少苦头也须吃得套裤般深,可是子女长大了,是否一定对你孝顺?是否一定可以飞黄腾达?只怕全世界最大的保险公司也不敢做这笔生意,假使数十载心血尽付东流,女人还有啥做头哉!

不特此也,女人一做了娘,子女便像附骨之疽,样样要牵到娘的头皮。"那娘那能养侬出来格"?侬有爷娘收管哦"?"滚那娘格蛋"!"娘东入煞"!"娘嬉×泡","侬格娘卖×"!"娘卖东菜"!"掘那娘格坟墩头"!"×那娘"一等等骂人名辞,只要子女一有错,一被人家寻着,便会一连串的骂将出来直接在骂子女,简接就在骂身为女人的阿妈老亲娘也。

有许多名词,容待后述,本节先来解释"操那娘","操"者"入"也,人者人上人之所为也,入你的娘,意思就是要做你的"城隍老"也,因为阁下行为不检,有失礼义,事情做得错尽错绝,没有人来管教你,骂你的人便恨不得化为阁下的老子来"训子成名"也,看来骂你操那娘之徒,其宅心仁厚,古道可风之君欤。

## 六八 勿要面孔

孔者,窟窿洞也,在我们身上,连闭塞不通的肚脐眼和男女有别的奶奶眼在内,一塌括子共计有大小不一的"孔"十二个,而面部却占了七个孔去,惟其面部多孔,所以俗称脸曰"面孔"。

手有套,脚有袜,头有帽,上身有衣,下身有裤,惟有面孔最苦恼,赤裸裸地露在外面,不许有一点遮盖。寒带地方有一种皮帽子,拉下来可以遮没两耳和颊部,然而这种总究是属于帽子项下,并非专为面孔而设。

面孔是人身的首部,耳目口鼻诸孔,好比机关里的各部科股,他们各有职守,分工合作,绝对不会闹意见,争权夺利。譬如口尝美味,鼻不想去分一杯羹,鼻嗅香气,眼不肯去偷闻一下,眼观美色,耳在两旁站立,耳听妙音,眼睛也闭起来休息,眉据高位,虽然吃粮不管事。而在下者决不会鼓动风潮,想逼令它下野出洋,即使面颊骨将有吃耳光之危险,这个机关里的诸孔先生,决不会乔迁到裤子里去秘密办公,而留一个无孔之面去受别人家欺侮。故"勿要面孔"者,乃是一个抽象的骂人名辞,并不是真能把面部诸孔一概放弃,让对方来一一加以占领也。史记项羽本纪曰:"项王欲东渡乌江,亭长议舟待,谓项王曰:'江东虽小,亦足王也,愿大王急渡'!项王笑曰:'天之亡我,我何渡为?且藉与江东子弟八千人渡江而西,今无一人还,纵江东父老怜而王我,我以何面目见之'?乃自刎而死"。

项羽乃一位"要面孔"的硬汉,他兵败垓下!逃到乌江,犹恐无面目见江东父老,宁可牺牲性命以殉面孔,如果项羽活到现在,那就太犯不着这样固执了。吃了败仗,有啥希奇?不但可以老老面皮回江东去,还能向江东诸老屈死拿一笔出洋经费,改穿了西装,带了虞美人一淘到外国去游历白相,名义可以说是考历军事设施,研究军事学识,以便他日回来再和弄蛇教化子刘邦决一雌雄,岂不要比自杀适意得多吗?

要面孔朋友,可根据膀牵筋,碰碰想寻死路,人寿保险公司决不欢迎这种户头,现在全世界寿险公司家家发财,大概就因为要面孔朋友忒少,勿要面孔朋友太多之故欤?

我们走在路上。看见的都是体体面面,漂漂亮亮的要面孔朋友,从未见过把面孔藏在裤裆里的勿要面孔之徒,然则勿要面孔这个名字,从何而来耶?曰,目今科学进步,人身偶有缺憾,科学方法都能补救,上海滩上尤多美容院,美容院里的院长先生,他能改造人的面孔,眉毛疏者可使之密,眼皮单者可使之双,斜视斗鸡羊白半爿之眼,照样可以弄变美目盼矣,巧笑倩兮,雀子斑可以吸出变成白板一只,糖麻球也能弄成光塌塌毫无凹凸。一度鸭尿臭,做过十恶不便事情的勿要面孔之徒,大概也进过特殊美容医院去修理过,所以骂尽管由人家骂勿要面孔,事实上他早已修理完毕,以假面具与人周旋,不知道的人那里再会看得出他一度勿要面孔过?此勿要面孔骂名之所以为抽象者也。

以前被人家骂勿要面孔,被骂者的心里还有些神明内疚,所以往往要利用假面具和人周旋,甚至索性改造修理一下,以图浑充。时至今日,环境特殊,时值非常,像项羽般要面孔的人,早已死得一个不剩,至多不为善不作恶,已经好人虽庙,其余衮衮诸公,济济诸民,那一个不是勿要面孔之徒?例如米店里的只收单票角票,杀脱头也勿找,电车上卖票的喊无没单票勿要上来,简直摆明了来,还有啥话头?不过此尚系其小焉哉,其大焉哉如何?不必区区饶舌矣!

## 六九 狗皮倒灶

在上海,除了常年吃包饭,天天上饭店的市民以外,还有大部份烧煤球炉,煨广东风炉,用煤油打气炉的人家,所以听听上海的户口甲于全国,但据玉皇大帝的御前统计,每年十二月念三日下界登天去朝参的灶神,却并不以上海为最多,因为上海的灶头,不多之故也。

凡人遭到不幸的事,便自认为"倒灶",这一句话各地都有,但不知起源于何时何地,大概灶是煮饭的东西,人无饭而不活,把灶打倒,其不幸程度比打碎饭碗更甚,故倒灶乃是无饭吃的表示,也就是穷得"搭搭底"之谓也。

狗皮,非国药号里用以做狗皮膏的狗皮,也不是皮货局里浑充狐嵌的黄狗之皮,此皮字应该圈上声读。

据说因狗的结构,和人类当然不同,和马牛羊等也不同,不同者何?其形如锁,情兴越浓,锁得越紧,这倒并非谎话,拆不开的"狗连连",便是明证,看了上面两节说明,我们就可以明白骂人家"狗皮倒灶"的大意了。大概此公或因真穷,或是装穷,不论吃东西买东西,甚至白相赌钱,一切都异常做人家,皮夹子紧得和狗皮一样,钞票最好只进勿出之徒,便是一个标准的狗皮倒灶朋友。

假使要举一个例:那么跳起舞来只只音乐勿停,开场跳到打烊,结果舞票只卖五只老洋,仆爱小账只给五角大洋尽兴而出者,非狗皮倒灶而何耶?

## 七〇　绝子绝孙

祝贺人的吉祥话之中，有"五世其昌"，"多子多孙"，"多福多寿多男子"，"螽斯衍庆"等等，这无非是希望人家多制造些小国民出来也。

照理说起来，制造小国民这项神圣工作，不但有关乎国家，民族，社会，家庭等等大问题，而且对于本人的宗嗣，以及老来依靠等，都有莫大关系，然而制造的动机，是否如此呢？我们只消看金圣叹的一句话，所谓"有意寻欢，无心得子"，不禁就要令人哑然失笑矣。

不过我们也可以这样说，敦夫妇之伦，行周公之礼，大半固然是出之于寻开心，小半却未始不可以说是为了国家民族等大问题。因为一矢中的之后，小把戏是真家实货要钻出来的也，既然如此，那么我们与其说是无啥道理，倒不如说是一举两得。

算算养儿子这件事情，不过如此云云一来，真是再便当也没有的事，然而养不出儿子的朋友，就同"撒屎勿出怨臀公"一样。在"养儿子勿出而大怨子宫"，文明些的请医服药，顽固些的求神问卜，结果是否一定能如愿以偿，还是个问题。

还有一件奇怪事情，越是有钱人家，越是求子心切，不要说儿子养不出，女儿也养不出，甚至二三十个姨太太连屁也撒不出一个，反是穷苦人家碰碰一个，弄弄一个，像小狗小猪般养养一大淘，这真是死也弄不懂这笔鸡毛账！

儿子这件东西，究竟是好是坏，至今尚未有个结论，有人说："没有了儿子，那简直做人等于白做"。这是膺服"不孝有三，无后为大"的仁兄，有人说："儿子是前世的债主，养个把应应景，未始不可，假使不养，反可以免却无数烦恼疼苦"。这是达观者的说法。

不过照敝国的风俗习惯说起来，无论如何儿子是一件少不得的东西，因为儿子同面孔上的眉毛一样，用处固然没有，少了却又难看。这个比如的确很确切！盖儿子养大了是否一定可以如孙仲谋而不像刘景升，天王老子开的保险公司也不敢保险的也。

有了儿子，最大的收获，便是可以不致绝后，何况儿子大了，又会生出儿子来叫你老爹，生生不息，源远流长，人丁兴旺，五世其昌，祖宗的羹饭既有了着落，自己寿终正寝的时候又可以有子随待在侧，亲视含殓，真是乐哉乐哉！

惟其如此,所以谁骂了你绝子绝孙,真是此仇不共戴天,是可忍,孰不可忍？必定要还骂他一个狗血喷头,方消心头之恨。盖骂你者实在也太辣手,不但希望你绝子,而且恭祝你绝孙,照他意思,你一家门统统死光大吉,他才称心如意,纵然你自己无用,等到儿子大了,孙子大了,一定要替你报仇雪恨,所以骂人家绝子绝孙的朋友,真该罚他自己绝子绝孙！惟骂米蛀虫煤黑心囤虎者,不在此例可也。

七一 | 板板六十四

　　市面上未流行角票分币券的时代，通用的是铜板，在铜板以前，还有外形圆内有方孔的铜钱，铜钱一名孔方兄，便是这个缘故，以前骂有钱的富翁身有"铜臭"，时至今日，铜臭已燻不死人了，为的是铜板铜钱绝迹已久，只有花花绿绿的钞票了。有人这样说，中国用银子的时代，最为富足，后来用了铜钱，已经大势渐去，及至铜板一出，中国就穷了，理由是铜板不像铜钱般有肚脐眼，不能用绳子拴牢，教人怎么能保守得住？从前称败家子为"倒提串头绳"，言其用铜钱如倒提了一般的快也，现在连穿头绳也取消了，莫怪铜板到手就尽，像自来水在手缝里流出去，怎么不要流穷国家人家？

　　清朝的铸钱局，并未聘请外国工程师，局中更无机器设备，铸钱纯用土法采取翻砂的模范，每模铸铜钱六十四文，谓之一板，板中铸成的六十四个铜钱，大小轻重，一式一样，并无分毫参差，所以当时有"板板六十四"之说。

　　板本是一种死的东西，无论木刻铜模锌板，印出来都是不差毫厘，所以俗语叫做"呆板"或"死板板"。人呆如板，谓之"板板叫"，是为板之形容辞，再扩而充之，便进入骂的阶级，就是板板六十四，言其像钱的模型一样，六十四副面孔，不无一副板。

　　不过板板六十四和板面孔其中又大有分别，板面孔者，接演二本就是骂山门，板板六十四不过是天赋的吃相难看，从先天带来的一副呆板板的寡妇脸，喜怒哀乐不形于色，见了人家毫无表情，终作像欠得他多，还得他少的讨冷债面孔，假使叫他去充任典当里的朝奉，邮局里的售票员，大银行的行员，以及吃机关饭，真是贴配。

　　也有一种人是装出来的板板六十四面孔，例如上司对下属，要维持他尊严的态度，面孔不得不板板六十四，至于上司回到小房子里姨太太那里去，他就会"贼皮獭脸"了，万一见了比他更高的上司，那不用说，他的包脸险险会变成"敲开木鱼"式。

　　除了上面的解释，据说这个名字是专用以骂女人的，因为板板六十四底下有一句下文，叫做"碰碰×××"，这似乎不大高雅了！然而此话倒的确是经验之谈，不信但看那些舞女向大人之类，你假使外表土头土脑，不但多化冤枉钱，而且像在侍候一个晚娘，死也看不到她的好面孔，手指头上的便宜格外休想，然则若辈果神圣不可侵犯乎？曰："不然！不然"！只要路道走得对，钞票用在刀口上，无不可以称心如意，板板六十四，假面具耳。至于不是卖淫的壳子，故意一本正经者，无他"只怕男人嘴勿紧"耳。

## 七二　捉狭鬼

　　古人云:"吾日三省吾身"。为什么好好的一个人要每天三次反省?曰:"思过耳!"说得新法一点,就叫自我检讨。因为做人总免不了有做错的地方,俗语所谓"圣人也有三分错",即此意也。

　　所谓错处,所谓过失,其实是二而一,一而二,总之就是不合理的举动,不合理的言语而已。假使要分析起来,那么大概可以分为三种:一种是足以成为千古恨的,一种是来者可追的,一种是无足轻重的,普通人所犯的,当然以第三种最多,第二种次之,第一种实在很少。

　　好闻人过,是普通人最喜欢做的一件事。不信你试把"沈玉英昨天接着一个山东客人",和"陈云裳打仔张善琨一记耳光"二则新闻同时告诉某甲。他听了之后,必定会这样问:"为什么陈云裳要打张善琨耳光"?而不问"沈玉英吃得消哦"焉。

　　好闻人过,其心已属不堪问,至于因旁人有过而加以嘲笑,讥讽,则更失却人类之同情心。然而,社会独多这种投井下石之徒,他们往往乘人之危而不加援救,非但不加援救,反而加以捉弄。被捉者走头无路,结果逃进了"狭"弄堂,辣手朋友还是不肯罢休,似乎"看侬死,倒是好事体",此道地之捉狭鬼也!至若夜壶里放只田鸡,香烟里装只小爆仗等等,只能说是好白相,顽童辈寻开心弄弄,真正捉狭鬼不屑为焉。

## 七三 象牙猢狲

　　有人说，外国所以比中国强，因为外国多数是工业国，中国是农业国，工业国多的是机器，农业国多的是米粮，有了机器，才能造枪造炮造飞机，有了米粮，不过制造出些大饭桶来而已，此所以外国人要五斤吼仔六斤，狠天狠地，中国人只能躲在一边，静候列强宰割也！

　　此说是否合理？下走未敢加以评判。不过对于此公说中国完全是农业国，稍有一点异议。因为中国人务农的固然占绝对的多数，然而做工的却也不少！其异于外国者，就在乎外国是机器工业，中国是手工业耳。

　　说起来，手工业毫无道理。然而中国人依此为生的，正不知有若干万人，加以手工做出来的东西，美妙绝伦，不但可以挽回不少利权，而且博得世界上各国人士的赞叹，如雕刻象牙，即其一也。

　　头等的象牙师父，专刻玲珑可爱的"摆件"和名贵的小品东西，象牙猢狲，就是象牙师父出品之一。

　　怎么又成了一个骂人名辞呢？无他，因为象牙是黄黄的，亮亮的，把它雕成的猢狲，除颜色不变之外，式样是那么的玲珑，形态是那么娇小，捏在手里，瘦不盈握，放在台上，弱不禁风，看在眼里，楚楚可怜，于是就成了骂瘦子的一个专门名词矣。其中尤以"吃烟朋友"居多。惟此名限骂男性，女性则曰"烧鸭壳子"，详见前典。

## 七四 勒煞吊死

同是死路一条,走的方法却各各不同,服安眠药片是时髦死法,但不及拉起手枪来对准太阳穴一板的自杀痛快。推测自杀者的心理,虽欲求死,却不愿多受痛苦,安眠药的名目好听,自杀者以为服后即能安然睡去,不感丝毫痛苦,故大多数人都爱采用此药。

吃生雅片自杀,虽然由来已久,然而也不是吾国的古法,吾国旧有的自尽方法,大致有自刎、碰壁、投崖、投水、跳楼、吞金、服毒、自缢、自勒等数种。

自刎、碰壁、投崖、跳楼、投水,死得最快,可以说是死于顷刻。服毒药而死,不快不慢,恰到好处,最迟缓的死,就是自缢和自勒,说虽这样说,也不过是想当然而已,事实上是否如此?因为区区对于寻死路毫无经验,不敢确断焉。

因为自缢与自勒之死得迟缓,所以骂人名辞里便产生了一句"勒杀吊死",死字读若"洗",其实勒杀与吊死,也许比服毒死得慢,只是死人不会再说话,无法向未死人士声明解释,再加人类只有一条性命,死于服毒者,不能再死于勒杀吊死,无法做一篇"两种死法比较观"刊诸报端昭告各界人士,所以勒杀吊死便永远代表着"牵丝攀藤",无人为之证明是非焉。

照作者年青时候的个性而言,最恨那些勒杀吊死之徒。因为无论什么事情,是则是,否则否,一刮两响,爽爽气气。可是时至今日,自己虽没有加入勒杀吊死集团里去,至少对于勒杀吊死之徒已寄与同情。为什么?因为自己爽气,弄到今天还是依然故我,没有饿死,已算上上大吉。反顾那些一向看勿入眼的勒杀吊死朋友,简直没有一个不比我好上十倍百倍,如果不生鼻子,准会把老夫气死!

以上所说,乃是指各人的脾气性格而言,至于大家知道而要一致骂这勒杀吊死者,如下便是例子。

说书先生卖关子,临收场时候来上这两句:"要晓得唐大娘娘阿肯放松祝阿胡子?明朝告代"!到了明朝,他自有花样景说出来,不是说唐大娘娘落脱裤子,便是说祝阿胡子失落扇子,从裤子扇子上面,又拖了一天,到结果还是利用上面二句拖牢听客,此标准之勒杀吊死也。

至于目下流行的,并不专指词语重复了,凡是行为之带牛皮糖式者,皆有被骂为勒杀吊死的资格。譬如追求女性、借钱、讨债,外勤记者探访新闻,起码报兜登广告,写长篇出勿出新噱头,写短稿日日炒冷饭,目的固然达到,然而挨骂却免不了矣。

## 七五 阴阳怪气

阴阳是什么东西？我说不出来，去查字典，字典上也不过这样说："阴者，阳之对，阳者，阴之反。"字典上也没有确切的解说，可见得阴阳二字，实在是一个抽象名词。

古代的阴阳家，就是一种神秘人物，现在的算命瞎子妄论阴阳，也只是骗钱糊口而已，他根本自己也莫明其阴阳，到民国十六年全部迷信破除后，此辈第一批就得一命归"阴"，脱离"阳"世，春秋繁露载："君臣父子夫妇之义，皆取诸阴阳之道。君为阳，臣为阴，父为阳，子为阴，夫为阳，妻为阴。阴道无所独行，其始也不得其专，其终不得分功。"古人是极迷信阴阳之道的，所以把天地间万事万物，都归之于阴阳二类，我们假使把春秋繁露的话推而广之，那么吃饭是阳，吃粥是阴，大便是阳，小便是阴，夫妇敦伦是阳，姘头笃角是阴，洗手是阳，汏脚是阴，"大英"照会是阳，"法兰西"小照会是阴，……记得在幼学上读到这么两句："孤阴则不生，独阳则不长。"可见天下万物，必须阴阳调和，然后方能生长。如电灯之必须阴阳两线交流，然后方能发光。再如我们出恭，必须尿粪同流，若有尿而无粪，或有粪而无尿，则阴阳两道之中，必有一道出了毛病矣。

这样说起来，阴阳调和了，就能百病消除，可是普通人的见解又不然，他们以为阴阳调和，必无好结果，阴阳相触，所产生的只是一种"怪气"，所以骂人名辞中就有"阴阳怪气"这一条。

那么气又是什么东西呢？气是一种虚无缥缈的东西。像我们肛门里放出来的屁，可以说是气了吧，然而纵然有声有臭，但是无形无迹，谁也不能抓一个屁送到卫生处去化验其成份，然则所谓阴阳怪气，究竟怪到什么程度？是不是阴阳交合而能产生出一种怪气来？区区未敢遽下定评。

不过照骂人家阴阳怪气的字面解释起来，大概意思是这样的："不论阴气阳气，都能算作一种正气，现在有一种气，说它是阴，它倒有点像阳，说它是阳，它又变成阴了，它是像'雌孵雄'一类的东西，无以名之，只能称它为阴阳怪气，凡人生着似阴似阳，不阴不阳，又阴又阳的怪脾气，便常常有挨骂此名的机会"。

也有逢到一件事情，我用十分阳气，换对方十分阴气，这样两气相触，阳方就要破口而骂对方为阴阳怪气了！例如你对某红星倾倒备至，她做日场，你写字间里告了假去和她跳茶舞，她做夜场，你玉皇大帝面前撒了谎去专诚捧场，风雨无阻，鞠躬尽瘁，可是结果三个月下来还是一啥勿啥，你气愤之下，不骂她阴阳怪气者，除非你肚肠已经烂掉也。

## 七六 婊子生

名义考载:"俗谓娼曰婊子,私娼者白盈老,表对里之称,犹言外妇"。准此则除了经过合法手续,行过结婚典礼的女人之外,其他一切女人,包括长三、么二、淌白、咸肉、向大人、舞女、玻璃杯、私门头、野鸡等等在内,都是婊子,不过人家女儿,当然不算在内,否则区区吃耳光要有份了。

明白了婊子是什么东西,其次就说到婊子的谋生之道。读书人十年窗下,只要金榜挂名,便能扬眉吐气,种田人春种夏耕,秋收冬藏。工人用一分劳力,得一分酬报。生意人将本求利,丘八太爷凭性命换饭吃,方法虽各有不同,而辛苦则一也,惟有婊子,只须凭了爷娘亲自制造,不是租来的小身体,倚门卖笑,供人泄欲,就可以衣食无缺,算算真是勿犯本钿利息重,再轻而易举也没有的生涯了。

不过话又得说回来,身为赚钱勿吃力的婊子,身份究竟低贱,似乎比摇洋袜拣茶叶的女工都不如,以其只认钞票勿认人,且不知廉耻为何物故也。

婊子本身的地位既异常卑贱,那么婊子生出来的儿子,当然更不是东西,因此凡属人面前说人话,鬼面前说鬼话,只要有钞票好捞,叫爷叫阿伯都肯,甚至为了求自己升官发财,不惜把令堂过户,姊妹献宝的无耻之徒,都可划入"婊子生"项下也。

## 七七 屁精

照乱话瞎说的西游记封神榜上看起来,不论动物植物,只要受天地之灵气所钟,日月之精华普照,经过若干年后,便能成精,如蜘蛛精,蛇精,花精等便是。

还有用科学的方法,把某种东西提炼起来,去其糟粕,也能成为精。如酒精,咖啡精,糖精,鱼肝油精等便是。

纵观上面二个说法,似乎不成精便罢,成了精之后,它的效能便比原来的本身要吃价得多!不过有一点值得注意,它们都是固体。

屁是什么东西?是我们肛门里排泄出来的一种气体,嗅嗅有些阿摩尼亚气息,看却看不见,捉也捉不住,屁而能成精,不亦奇乎!

其实屁精也者,不是屁躲在深山里修练而成了精,也不是有人收集了大量的屁把它提炼成精,乃是指的一曲后庭花,玩断袖分桃的巴戏,男人把××眼代表小桃源供人泄欲的相公兔儿爷也。

兔儿爷行业犯就,不得不涂脂抹粉,装得妖妖娆娆,不然怎么打得动爷们舍正路弗由的兴?倒也未可厚非,不过不为人重而已,惟有那些油头光棍,实际上并不在钟雪琴"阿姐"麾下服务,偏偏也打扮得妖形怪状如娘儿们一般,不务正业,只想在有血的壳子身上捞血者,就要被骂为屁精了!其理由有二,一为此辈之外表,如相公兔子,二则彼等之拐"骗"手段,固"精"明得少有出见。

## 七八 贼 种

生理学上有一个名词,叫做遗传,那就是说,不论何种动物,其本身是什么形态,什么性质,什么嗜好,什么脾气,他生出来的小辈,都和他有七八分相似,譬如身材长的老子,儿子大多是小长脚,爷的脾气勿死勿活,儿子的脾气也就像温吞水一碗,吸烟人生出来的儿子,甚至吃白面红丸的都有,这是什么道理?曰,遗传关系也。

俗语有"龙养龙,凤养凤,贼养儿子掘壁洞"之说,所谓有种出种也,可是龙不能生蛇,凤不能生鸡,那是一定的道理,至于贼骨头生出来的儿子要去掘壁洞,难道也是遗传?可是大总统的儿子,为什么不做小总统呢?关于这一点,一半是遗传性,一半是基于"近朱者赤,近墨者黑"之理,不过坏的容易学,好的不容易学,所以大总统生不出小总统,贼种无论如何弄不好也。

在骂人名辞中的"贼种",不一定指贼骨头生出来的儿子,因为贼骨头面孔上并没有刺着字,即使自己的城隍老做贼,此公本人也决不会公开承认自己是个贼种,不过行动有些贼骨头化,专喜偷偷摸摸,就要挨到此骂了。

北方人骂贼种亦作"杂种"。杂种者,一望而知连得被骂者的阿堂太太都包括在内矣,盖杂种之母设不滥交,决不会生出杂种来也。

## 七九 老勿入调

不论唱戏,唱歌,拉胡琴,弹钢琴,都有规正的谱和调。什么上字调,小工调,皮字调,西字调等等,洋琴鬼,音乐师,小堂名,票友,戏子,歌唱女郎等,都知之有素。下走不吃这碗饭,未能详细说明,殊以为憾。

不过我自己虽然不会开口唱,不能动手奏,可是听却很喜欢听,所以别人的唱得对不对,奏得合不合,倒也略知一二。

依照说起来,尺字调拉了上字调,皮字调弹了爱夫调,小工调唱了六字调等,便是荒了脑,走了板,俗语都称做"勿入调"。

入调的音乐歌唱,听起来异常悦耳,勿入调的音乐歌唱,听起来便觉格格不能入耳,音乐歌唱是如此,其他何独不然?

俗语有"八十岁学吹打,学死学煞学勿像"之说。盖年已耄耋去死已不远的恶而蛮,说话已无力,走路已须人扶,那里再会学得成吹打?

老年纪的人,不论是男是女,最合法的消遣是烧香念佛,含饴弄孙,尽管不做事情,决不会有人放一个屁。假使六七十岁的老老头还要跑跳舞场,娶和孙女年相若的姨太太,调戏娘姨大姐,以及五十左右的老太婆,还要电烫头发,著高跟皮鞋,打扮得和孙子的女朋友一样,看见了小白脸大发老骚作嗲,便都要被骂为"老勿入调"矣。

## 八〇 辣 手

人之异于禽兽者,人能说话,禽兽不能说话。下等动物之不及高等动物者,下等动物纵有四肢,前肢和后肢差不多。人就不然了!在下两肢称脚,专门走路,不作别用,在上两肢称手,举凡工作劳动,非手不办。

不过同样是一双手,有的会点钞票,有的会写文章,有的会拉黄包车,有的会打麻将,有的会玩弄女人,各各不同,若然加以分别,那么只有二种手,一种是用手来生产,一种是用手来消耗。无论其生产也罢,消耗也罢,总之"双手万能"。那是千古不灭之论。

医生开刀的手术,魔术家变戏法的手法,女人向男人骗钱用的手腕,虽然名称各异,其为要钱则一,其为玩手段亦一,这种总究带些仰求于人的意思。惟有某极人物,利用其职务上之便利,或资产之雄厚,或势力之优越,石骨铁硬来一记硬吃以自肥,使人家恍如吃着了巨灵之掌的耳光,辣溪溪满面生疼,没齿难忘者,即辣手也。

譬如有人色迷迷想吊"白花闺女"的膀子,闺女人虽看勿中,贪其用铜钿爽气,故一切无关得失的便宜,尽量人放盘。等到正式要行结婚典礼了,闺女突然发表已是有夫之妇,非但以前一切一笔勾消,反要提出控告,如其不然,少不得钞票晦气,这便是色迷朋友吃了一只辣手也!

## 八一 无轨电车

　　上海之有电车,还在光绪末年,最先开行的路线,似乎记得是静安寺到老靶子路,以后才有圆路,圆路又分里外,到如今硕果仅存的,只有六路圆路一道路线。其他两租界都有起点和终点的上行车下行车对开,比当初刚有电车时节,真是不可同日而语了。

　　电车实在不是一件完善的交通工具,因为行电车,就得安设轨道,装轧道,势必翻造马路,这种工程,何等繁重?于是有人发明无轨电车,有电车之便,无电车之繁,至于路线,更因其无须轨道而可以扩展不少焉。

　　我们站在乘客的立场而言,无轨电车的确比有轨电车好,因为路线多,而且速度高。可是反过来说,我们假使不做乘客而在安步当车,那么又要说有轨电车好了。为的是只要不走在电车轨道上,永无和电车香鼻头而死于非命的危险,不比无轨电车简直和汽车一样,往往横冲直撞,好像脱了缰绳的野马,一个不留心,就要把小性命交托于车下四轮焉。

　　社会上极多胸无定见之徒,约好朋友三点钟在大西茶室谈要紧事情,二点钟眼眼调碰着女朋友,就此去看二点半一场的电影,朋友从二点半等起到四点多,就要火冒骂起来:狄当码子真是无轨电车,一盖勿知其开到啥场化去唉。

八二 | # 电线木头

　　科学进化,电气万能!拉起听筒来拨一个号码,就能和相距远甚的朋友谈话。到夜里开关一开,电灯就亮如白昼。收音机一开,全世界的歌唱音乐就能送入尊耳。此尚为其小焉者之事。大而至于制造货品,指挥交通工具,都能拿电气来应用,爱迪生的所以伟大,确属自有其真颜色也。

　　用到电,必须要有线,要架设电线,则非用木头不可,假使马路上的电线木头一根不见,全上海立刻可以完全陷入黑暗世界。

　　照这么说起来,电线木头是很有用处的东西,即使不架电线而劈劈当柴烧,在煤球贵如鸡蛋的现在,也异常合用。为什么又成了一个骂人名辞呢?

　　这,大概有二种解说。一种是,因为电线木头的长度,大多在数丈开外,如果武大郎型的人物要看木头之顶,仰起头来准会把铜盆帽也跌落在地,故一说是拿来骂长脚朋友的。

　　还有一种说法,普通人称笨而且呆的朋友,叫做"呆木头"。旁的木头只消有了搬运证便可以从甲地搬往乙地,惟有电线木头装置好了一定的地位,便如生了脚似的不能再行搬移,呆得不能再呆的木头,大概就要数到电线木头了,故一说是用作骂呆徒用的。

## 八三　尖头巴戏

鸟的头是光的,所以能够日飞千里,夜飞八百。流线型的汽车,头部和橄榄一样,尾部和鸡蛋相仿,在马路上跑起来就如风驰电掣一般,水里的鱼,大都是头部尖锐,越是锐,游起来越快,圆头木戏的塘里鱼,行动就迟缓得多。还有跑狗场里成千累万赌迷们视为"性命乱子筋"的外国狗,也比国产的阿黄阿花等的头尖得多,其速率更是惊人!可见得地无分海陆空,物不分有生命无生命,凡是尖头的东西,永远踏在笨头的前面。

人是号为万物之灵的,假使人而尖其头,那么比普通人自然容易飞黄腾达,其原因在乎尖头的人善于钻,好像六月里的臭虫,见缝就钻,又如水银泻地,无孔不入。它们即使遇到了光搭搭一块木板似的东西,也会像螺丝钉一样钻入深处,结果总会弄出一条路来。不信但看雷雨庙里的雷公,不是其头尖如橄榄吗?怪不得他能钻云霄一鸣惊人!人类能生就一个尖头,那真是前世敲穿了三十只木鱼修求,可是普通人对于尖头却不十分识货,称之为"尖头巴戏"。实含有五分骂的意思,五分□视之意。

盖尖头犹在其次,巴戏可并不是什么尊称。山东人玩的露天猴儿戏,我们叫做"猢狲出巴戏"。弄缸瓮走绳索的走江湖卖艺,我们也叫做"出巴戏",可见得巴戏是一种供人玩笑的戏。西说一"巴戏"为猢狲之别署,父母溺爱儿女往往称之为"小巴戏",这是将人取畜,用意和替儿女比名阿猫阿狗相同。意谓把儿女当畜生般贱视就不致于夭寿也。

照这样说起来,尖头巴戏是那些善于钻营,人头畜鸣的东西了。骂人名辞里,可不是完全作此解释,凡是爱打小算盘,占人小便宜,使人小上当,爱搧小扇子,引说小纠纷,诸如此类的仁兄,都有被骂为尖头巴戏的资格。

本来"尖"字是"小"字当头,小字当头的朋友,自然处处喜欢算小了。平剧里所谓"他的这份小心眼儿,我全部知道。说到这句话的人,不言可知是吃着了尖头巴戏的苦。只因事出无奈,才说这话消消气。譬如而已隔壁嫂嫂之类上小菜场买菜不是用廿四两秤,便是秤好了再要加交头,这便是尖头巴戏之流。不过是其中的小焉者而已。真正被社会人士一致要骂为尖头巴戏的,实际上恐怕都已面团团脑满肠肥了,不过行为仍属尖头巴戏而已。

# 附 篇目笔画索引

一○一 12
九更天 14
八月之花 51
十三点 18,150
丈二豆芽 153
三脚猫 196
下海 114
么六夜饭 9
千人坑 176
大令 120
大转弯 100
大班拖车 34
大菜盆子 154
大舞台对过 21
小儿科 21,152
小赤佬 130
小放牛 17,71
小郎 110
小郎拖车 35
小扇子 155
干血痨 19,83
广告舞 79
飞过海 44
马屁鬼 194
马桶间阿姨 96
六路圆路 22
勿要面孔 225

天门头 92
开户头 111
开水 68
开光 27
开条斧 16,47
扎客人 53
文化舞女 48
文旦壳子 156
无轨电车 240
火山 102
牙签 17,72
邓禄普 24,132
出轨 103
半吊子 222
四眼狗 221
四喜 109
四等车 35
头只台子 41
电灯泡 159
电线木头 241
电话听筒 46
白礼氏 146
白斩鸡 58
白板对煞 25
白果 118
白虎 157
白蚂蚁 213

白脚花狸猫 200
皮条客人 163
龙头 18,75
龙拖脱轨 47
买票带出 108
亚尔曼 77
压轴台子 40
吃干醋 52
吃汤团 65
吃豆腐 5,93
吃洋盘 51
吃得死脱 54
场外交易 44
夹心饼干 45
尖头巴戏 242
当他吗也 57
曲死 88,172
杀千刀 128
死人 134
死人额角头 182
死乌龟 136
百宝箱 37
老勿入调 238
老开 69
老旦 80
老旦唱京戏 6
老爷 180

老板拖车 36
老虎肉 12
老鸢 3,135
老燕子 215
色霉 16
色霉大班 49
行交行拖车 32
过期票子 174
阴阳怪气 234
两面黄 55
串龙灯 10
冷台子 40
却八索 56
坐台子 87
寿头 178
屁精 236
抛岗 25
条斧目录 58
杨树头 199
花龙头 38
花瓶 166
走红 117
走汽 73
还小帖 26
邱六乔 6,84
邱六桥 191
阿元戴帽 9
阿木林 143
阿桂姐 37,53,63,207
饭桶 129
刮刮叫 97
单洋客人 64
厕所风光 46

垃圾马车 39,165
垃圾车 31
姆妈拖车 38
定头货 188
抱台脚 101
拆字滩 66
拖车 76
拖车对碰 45
放野火 218
旺血拖车 33
板板六十四 230
油煎猢狲 190
法兰西闲话 11
狗皮倒灶 227
绍兴 4
苗头缺缺 60
苦恼大班 49
转台 116
郎德山 217
金牙签 56
雨夹雪 74
厚皮 121
拜金拖车 33
挂名拖车 31
架子红星 55
洋铁罐头 142
洋盘 90
洋琴鬼 70
活马 168
烂污皮 131
烂屁股 210
独养儿子 3
玻璃拖车 32

砍招牌 20
绝子绝孙 228
统厢房 7
胡羊 94
贴 89
迷汤 78
迷汤穷灌 50
送煤球 59
逃票台子 43
鬼触皮 223
夏侯惇 220
席梦思 82
拿工钿朋友 50
挨血 23
捉狭鬼 231
捞血党 160
捣蛋 104
浮尸 139
烧鸭壳子 189
贼种 237
起码人 192
逗五逗六 60
鸭屎臭 198
鸭脚手 186
勒煞吊死 233
婊子生 235
弹性 95
捧场 119
捧场台子 41
掉枪花 112
排骨 106
掼纱帽 81
救济台子 42

梁新记 209
淴浴 24,113
猪头三 204
猪猡 133
盖叫天 8
眼睛地牌式 23
脚跷黄天霸 5
脱底棺材 13,202
象牙肥皂 85,162
象牙猞猁 232
野人头 205
隐抛 27
鸢子一夜天 13
黄牛肩胛 15
黄包车 34,67,184
黄熟梅子卖青 59
媚眼 107

描花 86
揩油 115
搭洋琴鬼 48
装胡羊 22,57
跑香槟 10
跑香宾 105
跑牌头 42
遗尿宝 145
酥桃子 54
量尺寸 20
隔年蟛蜞 170
隔壁大令 52
骚来 98
搨眼药 14
摆 91
摆华容道 19
摆血头 26

摆架子 8
煨灶猫 212
罩子过腔 11
魁 4
孵豆芽 15
算盘珠 211
舞女大板 99
舞女大班 39
辣手 239
雌老虎 148
横堂舞票 43
瘪三 141
操那娘 224
糟兄 208
糟田螺 7
氍毹拖车 36

附 篇目笔画索引 | 245